BUSINESS DATA ANALYSIS
THEORY AND PRACTICE

商务数据分析
理论与实务

黄轲 邹益民 马金利 ◎主编

ZHEJIANG UNIVERSITY PRESS
浙江大学出版社
·杭州·

前　言

党的二十大报告指出，"高质量发展是全面建设社会主义现代化国家的首要任务"，"必须坚持科技是第一生产力、人才是第一资源、创新是第一动力，深入实施科教兴国战略、人才强国战略、创新驱动发展战略，开辟发展新领域新赛道，不断塑造发展新动能新优势"。[①] 随着全球化和数字化的快速发展，商务数据分析已成为现代商业决策的核心组成部分。这一领域的发展状况体现出企业对数据驱动决策的日益重视，以及利用先进技术挖掘数据价值的迫切需求。

目前，商务数据分析已经渗透到企业的各个层面和领域。从市场营销到供应链管理，从财务规划到人力资源管理，几乎每一个业务职能都在利用数据分析来优化流程和策略。在市场营销领域，数据分析被用来识别目标客户、预测市场趋势、评估广告效果和优化定价策略。在供应链管理中，数据分析有助于预测需求、优化库存管理和提高物流效率。在财务规划中，数据分析可以帮助企业评估投资风险、预测财务表现和制定预算。与此同时，商务数据分析也在推动企业的数字化转型。通过数据分析，企业能够更深入地了解自身的运营状况和市场环境，从而更加精准地制定战略、优化产品和服务，提高整体竞争力。在这种背景下，商务数据分析相关专业的教学设计与实施做出重大调整就成为必然趋势。本教材贯彻落实《国家中长期教育改革和发展规划纲要（2010—2020 年）》的文件精神，全面提升教材质量，充分发挥教材在人才培养中的基础性作用，采用理论与案例相结合的方式，全方位地介绍了商务数据分析的理论策略和实操过程，从而帮助读者快速了解商务数据分析的相关知识，全面掌握商务数据分析的技能。同时，利用多个技术工具，深入挖掘商务数据背后的市场规律与逻辑，从而提升学生相关的决策能力与水平。

本教材一共包括 13 章，力图展示当前实践中商务数据分析的主要内容、常用的方法与算法。第一章为"绪论"，主要阐述商务数据分析的相关概念、商务数据分析的工具及商务数据分析的流程。第二章为"商务数据采集与挖掘"，主要阐述商务数据采集的概念和方法，同时介绍了多种商务数据采集的流程。第三章为"基于文本分析法的消费者舆情分析"，基于某电商企业的 2000 条连衣裙评价数据，借助文本分析法分析消费者舆情，从而快速高效地识别消费者需求，为卖家提供有效建议。第四章为"基于 RFM 模型的客户分类"，基于客户价值分析数据，利用 RFM 模型进行客户价值分析，以挖掘出具有发展潜能的客户，提高店铺的复购率。第五章为"基于回归分析法的某地区房价预测"，基于波士顿

---

① 习近平.高举中国特色社会主义伟大旗帜　为全面建设社会主义现代化国家而团结奋斗:在中国共产党第二十次全国代表大会上的报告[N].人民日报,2022-10-26(01).

房价数据,利用回归算法,对房价进行预测。第六章为"基于逻辑回归算法的银行客户流失预测",基于某银行客户数据,利用逻辑回归算法预测银行客户流失情况,为银行客户主管部门制定相关政策提供一定的参考价值。第七章为"基于决策树算法的客户营销活动响应预测",基于卖家的历史客户人群特征订单数据,运用决策树算法预测客户对营销活动的反应情况,帮助企业进行促销策略的优化与动态管理。第八章为"基于支持向量机算法的糖尿病患病风险预测",基于现有的健康大数据及历史医疗记录数据,利用支持向量机算法,进行糖尿病患病风险预测。第九章为"基于随机森林算法的银行卡盗刷风险预测",基于持卡人两天内信用卡的交易数据,利用随机森林算法,对某银行银行卡盗刷风险加以预测。第十章为"基于聚类算法的企业信息聚类分析",基于4000多条企业基础信息数据,运用聚类分析算法,进行企业信息分析,为企业人力资源管理或者政府相关工作者提供合理的政策建议。第十一章为"基于关联规则算法的消费者购物篮偏好分析",基于某超市消费者购物信息数据,运用关联规则算法挖掘消费者购物篮偏好。第十二章为"基于时间序列法的 GDP 预测",基于某省份的 GDP 指标时间序列数据,利用时间序列法进行 GDP 预测。第十三章为"商务数据分析报告",基于某跨境电商平台一组女鞋类目商品及客户评价数据,运用可视化分析对该行业进行整体分析与解读。

作为商务专业的核心课程教材,本教材在编排思路、内容设计、示范案例选择与软件操作过程等 4 个方面具有以下特色与创新之处。

第一,整体统一,各章独立。13 章为一个有机整体,阐述商务数据分析的核心内容、常用方法与实操方法,每一章从一个具体的问题出发,引出相关的理论与算法,最终通过软件操作来演示解决一个案例所提出的问题的详细过程。

第二,理论与实践紧密结合。第二章至第十三章中的每一章都以特定的实践现象或问题为主线,通俗易懂地介绍相关理论知识、方法与算法,运用实操软件图文并茂地展现问题解决的过程。本教材中的案例、数据均取材于真实的商业世界,章的最后列出了实训作业,做到实训与实战相统一。

第三,思政为基,案例主导。我们认真贯彻党的教育方针,坚守为党育人、为国育才的初心和使命,落实立德树人根本任务,主动将思政元素融入教材之中。第二章至第十三章每一章的案例均立足我国商务行业发展的重要环节,通过实训数据引导学习者根据应用场景进行自主、灵活的实验设计,培养复合型商务人才。

受水平之限,本教材或有疏漏之处,我们真诚期待有识之士提出宝贵的意见,以使之不断完善,更好地满足教学的需要。在编写教材的过程中,我们参考了大量的文献,在此也向所有参考文献作者表示诚挚的感谢!

编者

2024 年 1 月

目 录
CONTENTS

Chapter 1

第一章

绪 论

▶ 章节目标

1. 了解商务数据分析的概念。
2. 掌握商务数据分析的工具。
3. 熟悉商务数据分析的流程。

▶ 学习重点、难点

【学习重点】

1. 数据分析工具。
2. 数据分析流程。

【学习难点】

1. 数据分析算法模型。
2. 数据分析方法。

▶ 本章思维导图

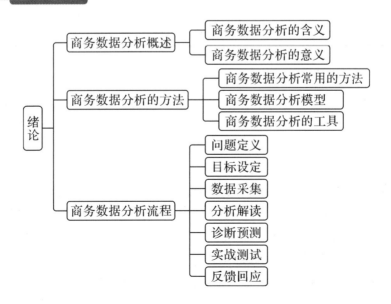

第一节　商务数据分析概述

一、商务数据分析的含义

数据分析是指用适当的统计分析方法对收集来的数据进行分析,提取有用的数据信息并形成结论的过程。

商务数据分析就是通过分析商务数据得到有助于业务发展的决策依据。例如,淘宝商家通过数据分析,能将整个店铺的运营建立在科学分析的基础之上,将各种指标变化规律或趋势定性或定量地显示出来,从而为决策者提供最准确的参考依据。

二、商务数据分析的意义

大数据分析能解决五大类问题,即"是多少"(用数据描述现状)、"是什么"(到底现状好不好)、"为什么"(出现这个情况的原因是……)、"会怎样"(预测一下,这样的后果如何)、"又如何"(总结一下,这种情况的结论是什么)。从数据分析入手,依托统计工具,以决策优化为目的,洞察数据背后的规律,能够为商业活动创造最大的价值。进行商务数据分析的主要意义如下。

(一)为企业的经营管理提供数据和理论支持

随着信息技术的不断迭代,大数据分析技术也得到了长足的发展。在此基础上,企业可以通过对用户大数据资料的充分挖掘和研究,结合企业的运营管理策略,对企业的发展进行全面的统筹决策,做到既满足用户需求又满足企业的发展要求。大数据分析为企业提供了洞察市场规律的条件,也为企业制定营销策略,充分把握市场上转瞬即逝的发展机会,提高自身经营管理效率创造了良好的环境。比如,在进行新饮品开发时,根据用户反馈的信息及市场数据分析的结果,可以在营销方面选择适合的产品代言人,在口味上也尽量偏年轻和个性化,准确地把握住年轻用户的消费特点,就能取得成功。

(二)推进企业的智能化运营进程

企业的智能化运营管理关注企业与用户之间的动态交流,根据用户反馈为用户提供更为及时合理的优质服务。借助互联网,现代企业可以更好地实现与用户的沟通交流,用户也可以利用互联网享受到更多的设备资源,并通过及时反馈其体验得到更好的服务。与此同时,大数据分析水平的不断提高使得动态数据的收集、管理、分析、研究有了更重要的意义。一方面,它保证了企业运营管理的有效性;另一方面,它也为用户体验的管理和用户消费的预测提供了有力的保障。企业通过与用户的信息交互,能够为用户提供并推荐相关的互联网资源,在保证用户体验的情况下,促进了企业资源的优化及合理分配,也推进了企业的智能化运营进程。

(三)提高企业在实际管理中的效率

利用大数据对库存、财务成本、合同管理、人力成本、销售统计等诸多环节的相关指标进行统计汇总并加以分析,能够使各类经营指标真正进入量化的管理阶段,为企业及时提供数字化的、相对客观的决策依据,从而避免日常管理中常出现的主观倾向、模糊印象等问题,使决策能有效指导经营方向。

第二节　商务数据分析的方法

一、商务数据分析常用的方法

本书将常见的商务数据分析方法分为基本方法和高级方法两类。

(一)基本方法

常用的基本方法有对比法、拆分法、排序法、分组法、交叉法、降维法、增维法、指标法和图形法等。根据业务场景选择一种或一种以上的分析方法可以让分析更加高效。下面对各方法进行简单介绍。

1. 对比法

对比法,也称对比分析法或者比较分析法,是通过实际数与基数的对比来揭示实际数与基数之间的差异,借以了解经济活动的成绩和问题的一种分析方法。对比分析法分为横向对比和纵向对比两个方向。

横向对比是指同一时期不同维度(也称跨维度)的对比,用于分析同类活动中不同个体间的差异。比如在分析企业销售业绩的时候,将不同行业的企业销售业绩一起进行对比,这样可以知道某家企业在整个市场的地位。如中国的500强企业排行榜单,就是将不同行业的企业产值进行对比。

纵向对比是指同一个维度不同时期的对比,用于同一个体在其活动不同阶段间的比较。比如基于销售额这个维度,将今天的销售额同昨天、上个星期同一天进行对比,通过对比可以知道今天的销售业绩如何。

对比分析法是最基本的分析方法,在开展分析工作时首先使用对比法,可以快速发现问题。进行商业分析时有3个必要的维度,分别是过去的自己、同期的对手和同期的行业数据。将这3个维度的数据加以对比可以了解相关数据的意义,否则数据就是一座孤岛。在对不同时期的数据进行分析时,往往可以采用环比和同比的对比分析方法,如用本月销售额与上一月的销售额对比,就能知道本月销售额的增减情况和增减幅度。

2. 拆分法

拆分法是将某个问题拆解成若干个子问题,通过研究若干子问题从而找到问题的症结并加以解决的方法。杜邦分析法就是拆分法的经典应用。杜邦分析法利用几种主要的财务比率之间的关系来综合分析企业的财务状况,评价企业的盈利能力和股东的权益回报水平。其基本思想是将企业净资产收益率逐级分解为多项财务比率乘积,这样有助于深入分析比较企业的经营业绩。利用杜邦分析法可以将对手销售额进行逐层拆解来分析数据。比如某电商运营人员在研究销售业绩下降的问题时,可以将销售业绩问题拆分成转化率、客单价和访客数 3 个相关指标的问题,通过分析这 3 个相关问题来解决销售业绩问题。如发现是由于访客数的下降导致整体销售额的下降,可将访客数继续拆分为付费流量和免费流量,再一步步进行拆分,直到找出根本的原因。

3. 排序法

排序法基于某一个指标或度量值的大小,将观测值进行递增或递减排列,每一次排列只能基于某一个指标。排序法是从对比法中衍生出的一种常用方法,艾媒金榜、百度热搜等业内知名榜单都是对行业产品进行排序来服务用户的。用户通过查看排序后的榜单,便可以快速获取目标价值信息。日常工作中经常使用排序法来直观地对数据进行对比,如企业市值排名、年收入排名、年利润排名等。

4. 分组法

分组法来源于统计学,用于发现事物的相同或类似特征,是非常重要的分析方法。分析时可以按类型、结构、时间阶段等维度进行分组,观察分组后的数据特征,从特征中洞察信息。

分组是为了便于比较,把总体中具有不同性质的对象区分开,把性质相同的对象合并在一起,保持各组内对象属性的一致性、组与组之间对象属性的差异性,以便进一步运用各种数据分析方法来解构内在的数量关系。因此,分组分析法必须与对比分析法结合运用。比如,某商家想要了解客户购买数量的情况,可通过分组分析法,用销量作为指标,购买数量作为组,来展现客户的购买数量情况。

5. 交叉法

交叉法是对比法和拆分法的结合,将有一定关联的两个或两个以上的维度和度量值排列在统计表内进行对比分析,在小于等于三维的情况下可以灵活使用图表进行展示。当维度大于三维时选用统计表展示,此时也称多维分析法。比如在研究市场定价时,经常将产品特征和定价作为维度、销售额作为度量值进行分析。

6. 降维法

降维法是在数据集指标过多或分析干扰因素太多时,通过找到并分析核心指标来提高分析精度,或者通过主成分分析、因子分析等统计学方法将数据从高维转换成低维的方法。比如在分析店铺数据时,根据业务问题的核心提取主要的 2～4 个核心指标进行分析。

7. 增维法

增维法是在数据集的字段过少或信息量不足时,为了便于分析师分析,通过计算衍生出更加直观的指标的方法。比如在分析关键词时,将搜索人气除以商品数量得到的新指标定义为关键词的竞争指数。

8. 指标法

指标法是分析的基本方法之一,主要通过汇总值、平均值、标准差等一系列统计指标来研究并分析数据。指标法更适用于多维的数据。

9. 图形法

图形法是分析的基本方法之一,主要通过柱形图、折线图、散点图等一系列统计图形来直观地显示并分析数据。图形法适用于低维的数据。

(二)高级方法

高级方法主要涉及常见的数据挖掘算法,包括分类分析法、回归分析法、聚类分析法、关联规则法、时间序列法和相关分析法。

1.分类分析法

分类首先要明确数据库中的已知类别,再将每一条记录归到对应的类别之中。

分类分析法包括二分类算法和多分类算法。二分类算法表示分类标签只有两个分类,具有代表性的方法有支持向量机和梯度提升决策树。多分类算法表示分类标签多于两个,比较常见的方法有逻辑回归、朴素贝叶斯、决策树和随机森林等。

分类分析是数据挖掘的一项重要的任务,目前在商业上应用最多。分类的主要方法是构造一个分类模型,该模型能把数据库中的数据项映射到给定类别中的某一个。分类分析法可以利用历史数据来进行预测。如某公司准备举办一次高端品牌汽车的促销活动。为配合这次促销活动,公司计划为潜在客户寄去一份精美的汽车销售材料并附送一份小礼品。由于资源有限,公司仅有 1000 份材料和礼品的预算额度。希望根据与这次促销活动类似的已经举办过的促销活动的历史消费数据,利用分类分析法得到一个分类模型,对新客户进行分类,生成正类客户的客户列表,向他们寄出材料和礼品。

2.回归分析法

回归分析法指的是确定两种或两种以上变量间相互依赖的定量关系的一种统计分析方法。在回归分析法中,如果自变量对因变量的影响均呈线性关系,假设希望预测因变量为 y 的取值,各影响因素为自变量 x_1 , x_2 , $\cdots$, x_n ,则自变量和因变量间的关系为

$$y = a + b_1 x_1 + b_2 x_2 + \cdots + b_n x_n$$

上式中表述的是 y 的估计值。如果希望用该公式精确地表示每一个个体的测量值,则假设在相应的自变量取值组合下,相应的个体因变量实测值围绕平均水平在上下波动,即 y_i 可表示为

$$y_i = y + e_i = a + b_1 x_{1i} + b_2 x_{2i} + \cdots + b_n x_{ni} + e_i$$

其中, e_i 为随机误差,被假定为服从均值为 0 的正态分布。即对每一个个体而言,在知道所有自变量的取值时,我们只能确定因变量的平均取值,个体的具体取值在其附近范围内。

回归分析法是研究一个因变量和一个或几个自变量之间相互关系的统计方法,其应用领域十分广泛。回归分析法按照涉及的自变量的多少,可分为一元回归分析和多元回归分析;按照自变量和因变量之间的关系类型,可分为线性回归分析和非线性回归分析。

例如,想知道活动覆盖率、产品价格、客户薪资水平、客户活跃度等指标与购买量存在何种关系,就可以运用回归分析法,把这些指标及购买量的数据输入模型,运算后即可分别得出这些指标与购买量存在的相关关系。

回归分析法是一种非常有用的预测工具,既可以对一元线性或多元线性问题进行预测分析,也可以对某些可以转化为线性问题的非线性问题预测其未来的发展趋势。一般线性回归分析主要有以下 5 个步骤。

(1)根据预测对象,确定自变量和因变量。

(2)制作散点图,确定回归模型类型。

(3)估计参数,建立回归模型。

(4)检验回归模型。

(5)利用回归模型进行预测。

利用回归分析法进行预测时,常用的是一元线性回归分析,又称简单线性回归。

3.聚类分析法

聚类分析法是指将物理对象或抽象对象的集合分组,形成由类似的对象组成的多个类的分析过程。聚类分析的目标就是在相似的基础上收集数据来分类。聚类分析是一种探索性的分析。在分类的过程中,研究者不必事先给出一个分类的标准,聚类分析法能够从样本数据出发,自动进行分类。聚类有多种方法,常用的有 k-means 算法,它实现起来比较简单,聚类效果也不错,因此应用很广泛。例如,通过 k-means 算法可以对用户行为进行聚类,比如根据用户在淘宝商城买东西的频次、价格、浏览的时长,可以进行聚类分析。聚类分析所使用的方法不同,常常会得到不同的结论。不同研究者对于同一组数据进行聚类分析,所得到的聚类数未必一致。

聚类常常与分类进行对比。聚类与分类的不同之处在于,聚类所要求划分的类是未知的。聚类是将数据分类到不同的类的一个过程。所以,同一个类中的对象有很大的相似性,而不同类间的对象有很大的相异性。

从实际应用的角度来看,聚类分析是数据挖掘的主要任务之一。它能够作为一个独立的工具获得数据的分布状况,观察每一类数据的特征,并集中对特定的聚类集合做进一步分析,此外,它还可以作为其他算法(如分类和定性归纳算法)的预处理步骤。

4.关联规则法

关联规则法反映一个事物与其他事物之间的相互依存性和关联性,是数据挖掘的一个重要技术,用于从大量数据中挖掘出有价值的数据项之间的相关关系。例如著名的"啤酒与尿布"的故事,就是利用关联规则进行超市购物篮分析。购物篮分析是指通过这些购物篮所显示的信息来研究顾客的购买行为,了解顾客为什么购买这些商品,以找出相应组合展示的商品,运用关联规则来获得利益与建立竞争优势。

5.时间序列法

时间序列是指按时间顺序进行排列的一组数字序列。时间序列法就是应用数理统计方法对相关数列进行处理,以预测未来事物发展趋势的方法。例如,按照时间的顺序记录每年某省份 GDP[①] 的情况,就可以构成一个时间序列。对这个时间序列进行分析观察、研究、找寻它变化发展的规律,就可以预测未来一年的 GDP 走势。时间序列法是定量预测方法之一,它的基本原理是:①承认事物发展的延续性,应用过去的数据就能推测事物的发展趋势;②考虑到事物发展的随机性,任何事物的发展都可能受偶然因素的影响,为此要利用统计分析中的加权平均法对历史数据进行处理。该方法简单易行,便于掌握,但

---

① GDP:即 gross domestic product,国内生产总值。

准确性差,一般只适用于短期预测。时间序列通常由 4 种要素组成:趋势、季节变动、循环波动和不规则波动。

(1)趋势。指时间序列在一段较长的时期内呈现出来的持续向上或持续向下的变动状况。

(2)季节变动。指时间序列在一年内重复出现的周期性波动。它是受气候条件、生产条件、节假日或人们的风俗习惯等各种因素影响的结果。

(3)循环波动。指时间序列呈现出的非固定长度的周期性变动。循环波动的周期可能会持续一段时间,但与趋势不同,它不是朝着单一方向的持续变动,而是涨落相同的交替波动。

(4)不规则波动。指时间序列中除去趋势、季节变动和循环波动之后的随机波动。不规则波动通常夹杂在时间序列中,使时间序列产生一种波浪形或震荡式的变动。

6.相关分析法

相关关系是一种非确定性的关系,具有随机性,因为影响现象发生变化的因素不止一个,并且总是围绕某些数值的平均数上下波动。例如,以 X 和 Y 分别记录一个人的身高和体重,或访客数与成交量,则 X 与 Y 显然有关系,而又没有确切到可由其中的一个去精确地决定另一个的程度,这就是相关关系。

相关分析法是研究两个或两个以上随机变量之间相关依存关系的方向和密切程度的方法。利用 Excel 工具库中的相关分析工具能找出变量之间存在的相关系数。

相关分析类别中最为常用的是线性相关,其中的相关系数是反映变量之间线性关系的强弱程度的指标,一般用 r 表示。当 $-1 \leqslant r < 0$ 时,线性负相关;当 $0 < r \leqslant 1$ 时,线性正相关;当 $r = 0$ 时,则变量之间无线性关系。

在分析企业销售额时,常常利用相关分析法对各指标进行分析,以此挖掘出跟销售额关系比较高的指标,如分析得到顾客好评率与销售额呈高度正相关后,可以进一步对商品的评价进行优化。

二、商务数据分析模型

(一)战略分析的 SWOT 模型

SWOT 是战略分析的一种模型,主要是基于内外部竞争环境和竞争条件下的态势,通过分析企业自身的优势、劣势、机会和威胁来为企业制定战略提供参考。S(strength)代表优势,W(weakness)代表弱势,O(opportunity)代表机会,T(threat)代表威胁,其中,S、W 是内部因素,O、T 是外部因素。内部条件分析可以从企业的优劣势展开,外部环境分析可以从宏观环境、行业环境、竞争环境着手,如图 1-1 所示。

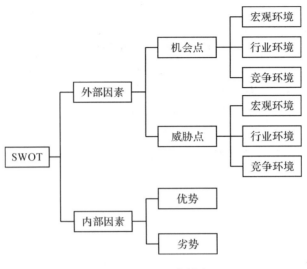

图 1-1　SWOT 分析法

1. 内部因素分析

内部因素分析由优势和劣势分析组成,通过对企业内部的管理、团队、产品和市场营销情况进行分析,了解企业的内部情况,分析师可以更好地解读数据中蕴藏的信息,如表 1-1 所示。

表 1-1　某电商公司的内部因素分析

优势	劣势
店铺开发能力强 服务消费者的能力强 能够把控品质 公司的财务状况良好	公司管理方面不是很完善 库存分析能力不强,经常断货 公司内部人员竞争激烈 店铺定位不准确 开发新消费者能力弱

2. 外部因素分析

外部因素由机会和威胁组成,通过对企业外部环境、政策和竞争对手进行分析,了解企业的外部情况,分析师可以更充分地了解企业面临的竞争情况,如表 1-2 所示。

表 1-2　某电商公司的外部因素分析

机会	威胁
市场标杆很少,明确定位的店铺很少 市场需求在不断增长 竞争对手普遍不重视客户体验 个性化发展潜力大	竞争激烈 产品同质化严重 被盗图 大商家新入驻

3. 基于内外部因素的应对策略

当企业有优势又遇到机会时,应当采取发展的策略;当企业有优势但遇到威胁时,应当采取拓展的策略;当企业存在劣势但遇到机会时,应当采取争取的策略;当企业存在劣势又遇到威胁时,应当采取保守的策略。某电商公司的内外部因素策略分析情况如表 1-3 所示。

表 1-3 某电商公司的内外部因素策略分析

因素	优势	劣势
	SO(发展)	WO(争取)
机会	1. 结合市场情况,在自身开发能力基础上,找到公司的明确定位,增加消费者黏性,提高重复购买率 2. 提升消费者体验 3. 开发更多新品迎合市场需求	1. 提升公司的内部管理能力 2. 合理利用 ERP 软件进行库存管理,提高管理效率 3. 设置良性竞争机制 4. 精准定位消费人群 5. 制订推广方案,挖掘更多新客户
	ST(拓展)	WT(保守)
威胁	1. 提升店铺的口碑 2. 开发团队把控市场需求走向,避免产品的同质化 3. 精准定位消费者	1. 保持店铺的独特风格,不被外界所影响 2. 加强客户关系管理

(二)环境分析的 PEST 模型

PEST 模型一般用于宏观环境分析,是通过对 4 类外部环境——政治环境(political, P)、经济环境(economical, E)、社会环境(social, S)、技术环境(technological, T)的分析来把握整体宏观环境,评估对企业业务的影响,为企业制定战略规划和方向提供依据。由于行业与企业有不同的特点,故分析的时候也会结合不同的内容来进行。

政治环境通常包括国家的社会制度,执政党的性质,政府的政策、法令等。政治环境对行业及企业的影响是巨大的,一般某项政策颁布后,相关产业有可能飞速发展,也有可能受到重创,业绩出现断崖式下跌。一旦政策有变化,公司的业务就得随之变化。国家政策支持的要大力开展,国家政策不允许涉猎的要坚决抵制。因此,很多企业都会关注各种时事,有些受政策影响大的行业(如互联网、医疗行业)等还会有专门的人员来研究政策对行业的影响,为高层领导的决策提供方向性指导。作为数据分析人员,除了自己实时关注之外,也可以向专门做宏观环境分析的同事了解情况,或多与领导沟通了解政策、法规的变化情况。

经济环境一般分为宏观环境及微观环境两个方面。宏观环境主要指国民总收入(gross national income, GNI)等关键因素的变化情况,以此来了解国民经济发展水平及国民经济发展速度。微观环境一般指的是目标群体的收入、消费、储蓄等情况。如果同一行业的所有企业都同步表现出营收下降,企业内部各条业务线、各个团队不论处于何种进度,营收的变化情况也是下滑的,那这个很有可能是经济环境带来的经济下滑。这时候可以看 GDP 的走势,是不是和企业、行业的营收走势一致。在平时也可以观察 GDP 和营收的走势是否相符。如果 GDP 一直上涨,而企业营收一直下滑,那么就需要好好定位原因,找出问题点,为决策提供依据。

社会环境可以反映各个客群的规模及其变化。它研究的是人口环境及人口文化水平。人口环境一般关注人口规模、分布和年龄结构;文化水平因为和人口所处的需求等级密切相关,故一般研究收入分布、生活方式、购买习惯等。比如消费升级指的就是人们在收入增加之后就会有更高的物质和精神追求,希望购买更优质的商品与服务,体现在数据分析上就是看客群及对应的客单价的变化。以此来对客群进行精准的认识与定位,并研发合适的产品,精准地推送,提高转化率。

技术环境,一般指的是新技术、新工艺及新技术、新工艺在某些方面的应用。这个模块主要影响的是渠道及资源的智能整合。从公司层面来说,需要通过新技术的变革来评估公司的成本,选取合适的技术来控制成本。以销售渠道来举例,传统的零售业通过,原来只能通过渠道实体店来销售商品,但易受地理位置及资源的限制,如今互联网技术的发展促进了线上渠道的兴起,它大大减少了实体店房租、水电等成本,使经营者可以把钱花在营销等其他更需要的地方。

(三)思路分析的"七何"模型

"七何"模型常用于厘清思路,有助于全面思考问题,杜绝盲目性,避免在流程设计中遗漏项目。具体阐述如下。

1.何时

买家一般是什么时候购物?他们最佳购物时间点是上午还是下午?是晚上还是凌晨?他们多久会购买一次?每个月一般哪一天购买的最多?是不是和发工资有关系?等等。

2.何地

购买产品的人分布在哪里?不同区域的人群喜欢的产品有何不同?

3.何人

购买产品的人是什么样的?年纪多大?是男性还是女性?消费水平如何?工作职务如何?有什么特点?例如,上班族的公司职员,你会发现在晚上11点以后他们购买得就比较少了,中午时间段是他们购物的高峰期;而大学生人群晚上11点以后购物是高峰期,但是上午11点以前,购物热情不高。此时可以思考这两类人群的特点,上班族因为要按时上班,第二天要早起所以睡得较早,白天中午的空闲时段便可用来购物;而大学生正好相反,白天他们课业较多,晚上的时间相对自由一些。

4.何事

企业给客户提供了什么,是否满足了客户的需求?

5.何因

造成某个结果的原因是什么?假如产品在某地卖得好,在其他地方卖得差,那么就要分析造成这个结果的原因。

6.如何做

客户会先加入购物车还是直接付款?他们是喜欢用花呗还是信用卡?他们喜欢购买打折的产品吗?要根据客户的特点制订有针对性的营销方案。

7.何价

买家的消费水平如何?每个月能承受的消费金额是多少?喜欢购买什么价位的产

品？购买的数量是多少？一个月会购买几次？

(四)问题分析的逻辑树模型

逻辑树又称问题树、演绎树或分解树等,逻辑树模型是在数据分析过程中最常用的一套方法。它将问题的所有子问题分层罗列,从最高层开始,逐步向下扩展,把一个已知问题当成"树干",然后考虑这个问题和哪些相关问题或者子任务有关。每想到一点,就给这个问题(也就是"树干")加一个"树枝",并标明这个"树枝"代表什么问题。一个大的"树枝"上还可以有小的"树枝",依此类推,找出问题的所有关联项目。问题树主要用来帮助自己理清思路,不做重复和无关的思考。

例如要诊断店铺的销售情况,可以把销售额当成树干,根据电商万能公式"销售额＝访客数×转化率×客单价",在树干上加上 3 个树枝——访客数、转化率、客单价。再进一步把访客数、转化率、客单价当成树干,考虑与这 3 个因素有关的子问题。例如,知道访客数与展现量和点击率有关,转化率与详情页、竞争环境、款式、销量、价格、售后服务、评价、DRS(detail seller rating,卖家服务评级系统)评分、客服技巧、促销活动、拍摄水平有关,就把这些问题发展成树枝。然后,再把这些树枝当成树干,继续考虑这个问题与哪些问题有关,把想到的问题又发展成新的树枝。依此类推,罗列出所有问题后就可以开始分析了。具体步骤如下。

1.确定问题和目标

明确知道要解决什么问题,例如上面的案例明确知道要解决销售额的问题。因为只有明确目标,才能确定树的主干。

2.分析各种可能性

根据目标和问题采用鱼骨分析方法分析各种可能性,即影响这个问题的因素有哪些。

3.验证可能性

当分析出了这些可能性之后,需要验证问题是不是出现在这个环节。例如,知道目前影响销售额的因素有访客数、转化率、客单价,但还需要验证到底问题出在哪一环节,是访客数不够,或是转化率太低,抑或是客单价太低,还是每个环节都有问题？总之,就是要制订验证方案。

4.确定问题

当验证这些可能性后,会得出一些结论,这便是确定问题的关键环节。例如,已经知道影响店铺销售额的原因是访客数不够,那么访客数就是根本问题。

5.从根本问题开始循环第二步

因为一开始找到的是大问题,所以接下来需分析影响它的可能性,然后再有针对性地进行可能性验证,确定问题。例如,已经确定了影响店铺销售额的因素是访客数,接下来就以访客数为大问题,分析影响它的可能性是展现量和点击率,这时要验证影响店铺访客数低的原因到底是展现量不够还是点击率太低？确定之后又回到第二步,依此类推。

6.制定解决方案

当验证完所有问题,找到真正细分的问题之后,就要制定解决这个问题的方案。

问题树模型是一种非常有效的数据分析方法,能保证寻找问题并解决问题过程的完整性。将工作细分可以让分析者思路更加清晰,更加有方向感。但是,问题树分析法可能会因为分析者专业知识不够或者经验不足遗漏它涉及的相关问题,这是该方法的缺点。例如,影响展现量的因素有很多,但是因为分析者对这方面不是很了解,可能就会遗漏问题,而在很多时候,真正影响店铺的恰恰就是这些遗漏的问题。因此,使用问题树分析法要求分析者专业能力强,同时还要细心,考虑周全。

(五)流程分析的漏斗图模型

漏斗图模型适用于流程规范且环节多的业务。例如,一个买家从访问店铺到将商品加入购物车,到下单,再到最后评价,这个流程比较规范,涉及的环节较多,所以对买家购物环节用漏斗图模型分析的比较多。

漏斗图模型可以很直观地看到每个环节的情况,包括转化情况、流失情况等。用漏斗图模型分析的优势如下。

1.有助于快速发现问题,及时解决问题

漏斗图是业务流程最直观的一种表现形式,可以快速发现流程中存在的问题。例如,在漏斗图中发现下单买家数到支付买家数的转化率比较低,很多客户在这一环节中流失,这时就要想办法分析问题产生的原因,要了解为什么买家下单了但是最后却不支付,是否可以通过催付的方式或给这些客户派发定向优惠券的方式提高其支付转化率?

2.有助于将问题具体化、细化

很多时候,虽然知道有问题,但是无法明确指出具体问题出在哪个环节,特别是环节比较多的业务。例如,明明知道转化率比较低,很多客户进来之后都没有成交,没有带来价值,但就是不知道具体是哪个环节出了问题,此时漏斗图就可以发挥作用了,它能清楚直观地让你看出每个环节的具体情况。例如,发现访客进来之后加购率特别低,下单率更低,这时问题可能出现在商品款式或者详情页的设计上,不足以吸引他们。但是,如果发现前面的环节都特别好,就是最后一个环节出现问题,大部分客户都下单了就是不支付,这时可能就不是款式的问题了,而有可能是因为价格太高,或者竞争对手优势更强,或者是卖点不突出,还有可能是因为支付不够便捷,如不能使用信用卡或花呗支付。

3.在营销推广中提高流量的价值和转化率

漏斗图可以直观地告诉分析者问题出在什么环节。所以分析者可以通过优化业务流程提高访客购买率,进而提高访客价值,避免广告费的浪费。

三、商务数据分析的工具

(一)数据分析思路类工具

常用工具有思维导图(MindManager)、XMind、FreeMind、Visio,可用于数据分析思路的拓展和管理,便于记忆并组织思路。

常用于项目分析、工作规划、头脑风暴、创意开发等环节。

(二)数据存储与提取工具

常用的数据存储工具有 Access、MySQL、SQL Server、Oracle、DB2、Sybase。

常用的数据提取工具有数据库工具、Navicat(SQL 客户端)、Excel、数据分析和挖掘工具的数据接口等。

这些工具应用于数据项目的起始阶段,对原始数据或 ETL11(数据仓库)里的数据加以存储与提取,并进行初步计算和筛选,如计数、汇总、求和、排序、过滤等。下面介绍一些常用的数据库工具。

1. Access

Access 是 Office 的套件之一,属于微软发布的关系型数据库。

适用对象:个人及小规模数据量的企业。

优点:与 Office 产品结合好,界面化操作相对简便。

缺点:数据文件不能突破 2G 的内存限制,结构化查询语言(JET SQL)能力有限,不适合大型数据库的处理应用。

2. MySQL

MySQL 是世界级开源数据库,属于 Oracle 的关系型数据库。

适用对象:中、小型企业及部分大企业。

优点:体积小、速度快、成本低,开放源码,应用广泛。

缺点:相比大型付费工具,其稳定性和商业支持不足,缺乏存储功能等。

3. SQL Server

SQL Server 是由微软开发的关系型数据库。

适用对象:大、中型企业。

优点:与微软产品线结合紧密,支持 Windows 大多数功能,界面友好,易于操作,具有丰富的接口,伸缩性好。

缺点:只支持 Windows,多用户时性能受限,图形界面执行效率低。

4. Oracle

Oracle 是世界级数据库解决方案,为关系型数据库。

适用对象:大型企业。

优点:兼容性好,支持多平台,效率高,具有稳定性,可连接性广泛。

缺点:功能复杂,多用户使用时性能受限,图形界面执行效率低。

(三)数据分析与挖掘工具

数据分析与挖掘入门级的基本工具有 Excel(函数、数据分析模块)。

专业级应用工具有 SPSS、Clementine、SAS。

高级应用工具有 Python、R 语言。

作用:通过模型挖掘数据关系和数据的深层价值。

应用:数据项目的核心阶段,用于数据挖掘处理。

1. Excel

Excel 是 Office 的基本套件,自带函数功能和数据分析模块。

适用人群:入门级数据分析师、经验丰富的 VBA(visual basic for application,内嵌于 office 中的一个开发模块)工程师。

优点:作为数据分析的基本工具,使用广泛,模块简单。

缺点:功能简单,适用场景较少。

2. SPSS

SPSS,现名为"PASW Statistics",是数据统计和分析的主要工具之一。

适用人群:从事数据统计和基本数据挖掘的数据分析师。

优点:基本数据统计和处理功能强大,可用模型较多,可与 Clementine 结合。

缺点:数据挖掘的流程控制较弱。

3. Clementine

Clementine 是专业的数据挖掘工具。

适用人群:数据挖掘工程师、高级分析师。

优点:丰富的数据挖掘模型和场景控制,可自定义功能,也可与 SPSS 结合。

缺点:功能略显复杂,需要丰富的实践经验。

4. SAS

SAS 是专业的数据挖掘工具。

适用人群:数据挖掘工程师、高级分析师。

优点:具有丰富的数据挖掘模型和场景控制功能,平台化,EM(enterprise miner,企业级数据挖掘)模块整合较好。

缺点:学习难度大。

5. R 语言

R 语言是免费、开源的专业数据统计、分析、挖掘和展现工具。

适用人群:程序员、数据挖掘工程师。

优点:免费、开源、功能丰富、应用广泛。

缺点:学习难度大,需要编程能力。

6. Python

免费、开源的编程语言,其中可应用数据计算方向。

适用人群:程序员、开发工程师、数据挖掘工程师。

优点:免费、开源、容易上手、适合大数据应用。

缺点:有自己独特的语法,运行速度比 C 语言和 C++语言慢。

(四)数据可视化工具

入门展示工具有 Excel(PowerPivot)、PPT。

专业可视化工具有 Tableau、Qlik、水晶易表。

其他工具有 Google Chart。

作用是展现数据结果。

应用于数据项目的结尾,通过数据展现来增加沟通效果。

1. Tableau

Tableau 是付费的商业可视化工具。

适用人群:图形可视化人群、分析师、BI(business intelligence,商业智能)人员。

优点:接口较为丰富、美观,操作相对简单。

缺点:侧重于可视化,缺少深入挖掘的功能。

2. 水晶易表

水晶易表(Crystal Xcelsius)是全球领先的商务智能软件商 SAP Business Objects 的最新产品。只需要简单的点击操作,Crystal Xcelsius 即可令静态的 Excel 表格实现生动的数据展示,生成动态表格,进行图像和可交互的可视化分析。通过一键式整合,数据分析人员可将交互式的 Crystal Xcelsius 分析结果轻松地嵌入 PowerPoint、Adobe PDF 文档、Outlook 和网页。

适用人群:图形可视化人员、数据分析师、BI 人员。

优点:操作简单(由 Office 整合),界面美观且动态化。

缺点:侧重于可视化,而且大部分需要付费。

(五)商业智能类

商业智能类数据分析与挖掘内容涉及内容数据仓库、数据抽取、OLAP(on-line analytical processing,联机分析处理)、数据可视化和数据集成。

常用工具:微软商业智能、IBM Cognos、Oracle BIEE、SAP Business Intelligence、Informatica、Microstrategy。

作用是数据综合处理和应用。

应用于数据分析工作的整个流程,尤其是智能应用领域。

1. 微软商业智能(SQL Server 系列)

SQL Server BI 产品组成如下。

SSIS 集成服务,包括 ETL(extraciton-transformation-loading,数据提取、转换和加载)及整体 BI 的调度。

SSAS 分析服务,包括 Cube(一种数据分析工具)、OLAP 和数据挖掘。

SSRS 报表服务,包括订阅和发布等功能。

另外,通过 Excel、SharePoint 可实现数据门户和集成展示,通过 Performance Server 可实现绩效管理应用。

2. IBM Cognos

IBM Cognos 是世界级商用 BI 解决方案之一,具有广泛的易用性、稳定性和完整性。Cognos 产品组成如下。

Powerplay Transformation Server 用于数据连接、调度和 ETL。

Powerplay Enterprise Server 用于第三方集成、OLAP 和数据门户。

ReportNet Server 用于数据展现和详细定义。

Access Manager 是安全管理模块。

Powerplay Client 是 ES(即 Elasticsearch 搜索数据引擎)的客户端,OLAP 报表制作工具。

3. Oracle BIEE

Oracle BIEE(business intelligence enterprise edition)的数据模型是世界级商用 BI 解决方案之一。

物理层(physical)用于定义和连接各类异构数据源。

逻辑层(business model and mapping)用于定义逻辑模型与物理模型间的映射关系。

展现层(presentation)用于前端展现和应用。

4. SAP Business Intelligence

这是 BI 端到端的数据应用平台,包括 Business Objects Enterprise(BI 平台)、Crystal report(企业及报表)、Web Intelligence(查询分析)、Crystal Xcelsius(水晶易表)等。

5. Informatica

Informatica 平台拥有一套完善的技术,可支持多项复杂的企业级数据集成计划,包括企业数据集成、大数据管理、数据质量、数据治理、主数据管理、数据安全和云数据集成等。Informatica 产品组成如下。

Informatica PowerCenter 可用于访问和集成几乎任何业务系统、任何格式的数据,它可以按任意速度在企业内交付数据,具有高性能、高可扩展性、高可用性的特点。

Informatica PowerExchange 是一系列的数据访问产品,它确保 IT 机构能够根据需要随时随地访问并在整个企业内传递关键数据。

Informatica B2B Data Exchange 是一款业界领先的工具,用于多企业的数据集成。它增加了安全通信、管理和监控功能,以便处理来自内部和外部的数据。

6. Microstrategy

Microstrategy 一直是 GartnerMagicQuadrant 评鉴中被认为技术领先的前五大 BI 工具和服务厂家之一。其产品架构如下。

Microstrategy 可以支持所有主流的数据库或数据源,如 Oracle、DB2、Teradata、SQL Server、Excel、SAP BW、Hyperion Essbase 等。

核心的智能服务器(intelligence server)是提供报表、分发和多维分析服务的组件,同时也提供集群和多数据源的选项。用户可以用桌面来开发报表,该功能一般 IT 用户使用较多;也可以由 Web 用户来开发,一般比较适合终端用户。

前端可以与各种应用软件或 Portal(门户网站)集成,也支持各种移动终端、邮件、打印机等。在设计管理方面,Microstrategy 无疑提供了完整和高阶的产品和服务,包括架构设计、数据品质管理、对象管理、命令管理和二次开发等。

第三节 商务数据分析的流程

商务数据分析的流程包括问题定义、目标设定、数据采集、分析解读、诊断预测、实战测试、反馈回应等环节。本节以银行客户流失案例为例,对数据分析各流程进行说明。

一、问题定义

进行数据分析时,第一步需要进行问题定义。比较典型的场景是我们需要对企业的数据进行分析。企业有很多数据,如销售数据、客户数据、财务数据、生产数据等,因此我们需要知道要从这些数据里获取什么有价值的信息来指导商业决策。比如,要提交一份银行业的市场分析报告,首先就要明确从哪些方面去收集和分析行业信息。简而言之,你需要知道你要解决的问题是什么,想得到什么结论。比如,某个行业的市场规模情况、变化的趋势如何,公司客户的画像是怎样的,经常消费的客户是哪一类人群,如何基于历史数据去预测公司未来的销售业绩等。在银行客户流失预测案例中,需要分析的问题是如何找出高概率会流失的客户,以便提前采取挽留措施。

二、目标设定

(一)步骤

可以通过以下步骤确定分析目标。

第一,需求的背景是什么?

第二,客户的痛点是什么?

第三,映射到挖掘上,要实现什么功能?

(二)举例

以银行客户流失的案例为例。

1. 背景

获取客户是银行业务发展的关键,那么客户流失就成为整个行业迫切需要解决的问题。

2. 痛点

传统的预测方式是靠人工经验判断客户是否会流失,存在主观判断的滞后性,解决问题的关键是提高对客户流失的预测的准确性。

3. 挖掘功能

通过历史客户数据,对比流失客户和非流失客户在性别、信用评分、活跃程度、薪资等基础属性特征方面的差异,建立分类预测模型来判断客户是否会流失,评估客户价值,针对流失率超过一定阈值的客户向银行相关部门发出预警信息,提前采取挽留措施。

三、数据采集

数据采集方式大致可分为两种:第一种是借助代码或者网页源码进行手动采集的工具,通常是一些数据分析工具,如 Power BI、Excel 等;或者编程语言,如 Python 等,进行采集,也可以利用 SQL 脚本去读取数据库中的数据等。利用这些工具进行手动数据采集时,往往要求用户有一定的数据分析或者编程基础,因为使用过程中通常涉及一些函数或者命令的调用。

第二种是由第三方公司开发的数据采集工具,常见的有八爪鱼、火车采集器、后羿采集器等。一般需要先进行一些基本字段或者规则设置,即可实现数据的采集。这一类工具通常对用户的数据分析或者编程等技术要求较低。但局限性在于,能够获取到的数据有限,许多信息无法采集,并且有些工具需要付费才能实现相应功能。

在本案例中,银行数据分析人员就是从自己的数据库中通过编写 SQL 脚本去读取相关客户的性别、信用评分、活跃程度、薪资等数据,再进行后续的分析。

四、分析解读

在正式分析之前,首先要对整个分析过程进行设计和解读。把整个分析的流程进行整理,包括数据预处理、特征处理、算法的选择、模型预测等方面,都要进行详细的过程设计和解读。最后从分析得出的数据结果中,判断提炼出需要解决的问题。在本案例中,首先我们需要观察我们所获取到的数据有哪些,然后通过相关性分析法选择与客户流失关联比较高的特征。预测客户流失是一个分类问题,因此选择分类算法进行模型构建,这里使用决策树算法建立客户流失预测模型,将历史数据拆分成两个部分,一部分用作模型训练,一部分用作预测。最后通过数据对比来判断模型的准确性,当模型有了一定的准确性后就可以用于真实预测。

五、诊断预测

分析解读之后,可建立起对应的诊断预测模型。在本案例中,通过分析客户的性别、信用评分、活跃程度、薪资等数据来建立分类预测模型,预测客户是否会流失,判断客户的价值,从而使接下来的营销更具针对性。

六、实战测试

根据模型预测结果来制定相关的营销策略,并且将其应用于实际业务中进行测试。在本案例中,将用于预测的客户数据导入模型当中进行预测,得到概率较高的客户名单,市场部根据预测结果采取挽留措施,并推送给相关客户来进行测试。

七、反馈回应

切实有效的数据分析应该实现一个闭环的工作流程,即数据分析师或数据分析部门—具体的业务部门—决策者—最后的实施,这样一个流程就结束了。但很多企业对数据的分析过程却不是一个闭环,这就需要优化数据分析流程。此外,还有一个重要的环节容易被忽略,就是反馈。实施得到的结果不仅要反馈到业务部门或决策者,更要反馈回数据分析部门和数据分析人员。优秀的决策者知道执行一件事情的最佳次序,他应该给数据分析部门演示正确的结果、提供有效的反馈,并且避免他们"走弯路",甚至持续走弯路,这将导致和业务部门一直"吵架",而冲突归根结底就是没有得到有效的反馈。所以,数据分析作为一种能够有效支持决策的行为,需要有持续的反馈才行。

在本案例中,对流失概率较高的这批客户采取相应的挽留营销策略后,可统计这一批客户在一定时间段内的流失率,对比其是否降低,以此来验证模型的有效性。同时将结果反馈给数据分析部门,看是否可以再对模型进行优化,以提高模型的准确性和有效性。

第四节　商务数据分析的影响

商务数据分析对企业商务活动的影响体现在生产模式、管理模式、经营模式、竞争模式等各个方面,构建起完整的企业内部信息管理系统。

一、改变了企业的生产模式

企业通过商务数据构建了信息化管理的新模式,生产方式更便捷,生产管理更高效。经过商务数据分析,企业可以相对准确地预测市场需求,降低了生产原料的库存量,生产控制效率得到了提高,降低了生产资料浪费的风险;同时,也节约了不必要的成本投入,大大提高了企业生产方式的可行性和有效性。

二、改变了企业的管理模式

企业的管理向着信息化的方向发展,商务数据革新了传统的管理模式,由信息管理系统代替了传统的人工管理模式,管理更高效,企业的管理人员和员工之间能够进行更便捷的信息交流、信息传递和信息共享,数据更真实,企业通过数据系统,减少数据造假、人工误差的概率。企业的管理工作不是单纯地依靠管理者的主观意愿展开,而是结合数据信息制订合理的管理计划和企业的发展决策来稳步推进。

三、改变了企业的营销模式

对企业来说,使用大数据分析技术可以有针对性地寻找目标消费者,从而更好地制订营销方案和计划。与此同时,在商务营销中应用大数据分析技术还能有效应用智能营销技术,快速定位产品市场。在传统的经营中,企业主要依靠市场推销和广告宣传,投入了大量的人力成本、管理成本和广告成本。商务数据模式则将中介性质的经营环节去掉,通过数据的收集、整理和分析为企业提供决策支持,助力企业开展更加精准化的营销活动,进行定制化广告的精准推送,使消费者和企业之间的沟通更加高效,企业营销成本更低,营销方式更便捷、更科学、更高效。

四、改变了企业的竞争模式

传统营销是逛街式消费和需求型消费,以比价和需求为消费动力,同行竞争激烈,营销成本高;而基于大数据的营销是引导式消费和冲动式消费,通过定制化的营销内容传播方案和分析用户画像来创造用户需求,并通过数据的收集和积累为用户提供更多符合需求的增值产品及服务,引导用户产生关注、形成信任、完成购买和重复购买的行为,有助于形成差别化的竞争优势,有效避免价格战。由此,企业的竞争核心要素发生了转变,因此企业要抓住机遇,明确未来的发展方向和发展目标,通过商务数据的分析与应用,进一步优化发展模式,制定差异化的竞争策略,逐步探索长远的发展路径。

本章小结

相较于传统商务处理技术,基于大数据的数据处理则更加准确、迅速、成本低廉,涉及诸多环节,能够对用户画像做出细分,对于当前产业模式的影响深远。基于商业市场、客户等相关数据,不仅可以为"消费者画像",还可以给商家提供各式各样的"情报"。比如,境内的商家希望将产品卖到俄罗斯,通过大数据分析可以大致预测出这种商品一个月可以卖出多少、定价应该在什么范围内、市面上还有多少商家在卖同样的产品,以及市场占有率大概是多少等。这些信息对商家做出合理的决策至关重要。

本章实训部分主要对商务数据的方法、模型和工具进行了介绍,并详细描述了商务数据分析的流程。

▶ 拓展实训

商务数据分析

【实训目的】

巩固商务数据分析的方法与算法、工具和流程等相关知识;通过教师讲解与实际操作,了解商务数据分析的重要意义,对商务数据分析的概念有基本的认识。

【思考与练习】

1. 通过对相关模块的学习,掌握商务数据分析的概念及分析流程,思考数据分析如何影响商业决策的制定。

2. 了解各商务数据分析方法的分析原理,并思考如何将其应用到实际生活中。

Chapter 2

第二章

商务数据采集与挖掘

1.了解商务数据采集的概念。

2.掌握商务数据采集的方法。

3.了解商务数据采集的流程。

学习重点、难点

【学习重点】

1.商务数据采集的工具。

2.商务数据质量。

3.商务数据清洗。

【学习难点】

1.商务数据的集成、转换与消减。

2.商务数据的存储。

本章思维导图

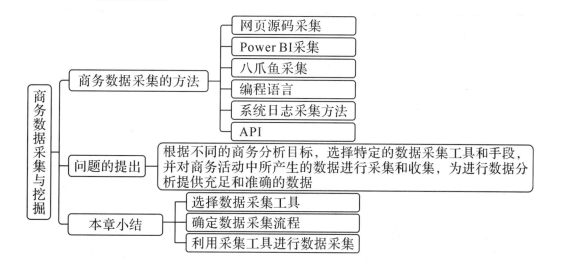

数据采集是通过爬虫工具或手工记录等方式收集目标数据的过程。基础的数据采集可采用 Excel、八爪鱼、火车头采集器、后羿采集器、码栈等软件,进阶的数据采集可使用 Python、R 语言等。在数据分析的过程中,数据的数量和质量对分析结果的准确性起着关键作用,注意数据采集要合理合法。

常见的数据采集方式大致可分为两种。

一种是借助代码或者网页源码进行手动采集,通常是利用 Power BI、Excel 等数据分析工具,或者 Python 等编程语言。利用这些工具进行手动数据采集时,常常会涉及一些函数或者命令的调用,因此要求用户具备一定的数据分析或编程基础。

另一种是借助第三方公司开发的数据采集工具,常见的有八爪鱼、火车头采集器等。先进行一些基本字段或规则的设置后,即可实现数据采集。这类工具一般不要求用户有较好的数据分析或者编程能力。但其局限性在于,能够获取到的数据有限,许多信息无法采集,并且有些工具的功能需要付费使用。下面介绍几种常见的数据采集方法。

第一节　商务数据采集的方法介绍

一、网页源码采集

要了解网页源码采集,首先需要知道网页的基本结构,网页的组成大体上分为 HTML、CSS、JavaScript 三大部分。

有一个比喻:HTML 相当于人的骨骼,决定了网页的大体框架结构;CSS 相当于人的皮肤,决定了网页看起来的风格样式;JavaScript 相当于人的肌肉,使网页能够响应你的操作,做出各种活动。

如果把一个网站比喻成一间房子,那么一页一页的网页就相当于一个一个的房间。HTML 构建起房子的基本框架,如打地基、搭建房梁、砌墙等,它决定了房子的结构。CSS 就相当于为房子粉刷墙面,为家具上油漆,设计壁画等,它决定了房子的风格是欧式风格、田园风格还是复古风格。JavaScript 相当于在房子里面安装空调、冰箱等可操作、可控制的电器,决定了房子的高级功能。本节主要介绍 HTML 源码解析与网络抓包。

（一）HTML

HTML 是 Hyper Text Markup Language(超文本标记语言)的缩写,它是用于创建可从一个平台移植到另一平台的超文本文档的一种简单的标记语言,经常用来创建 Web 页面。

HTML 是一种标识性语言,它包括一系列标签,这些标签可以将网络上的文档格式统一,使分散的互联网资源连接成一个逻辑整体。HTML 文本是由 HTML 命令组成的描述性文本,HTML 命令可以说明文字、图形、动画、声音、表格、链接等。超文本是一种组织信息的方式,它通过超链接方法将文本中的文字、图表与其他信息媒体相关联。这些相互关联的信息媒体可能在同一文本中,也可能是其他文件,或是地理位置相距遥远的某台计算机上的文件。这种组织信息的方式将分布在不同位置的信息资源随机连接,为人们查找和检索信息提供了方便。

HTML 是网页制作的基础,网络营销中讲的静态网页,就是以 HTML 为基础制作的网页,早期的网页都是直接用 HTML 代码编写的。现在有很多智能化的网页制作软件(如 FrontPage、Dreamweaver 等),它们通常不需要人工写代码,而是由这些软件自动生成。尽管不需要人工写代码,但了解 HTML 代码依然非常重要。HTML 网页结构通常包括头部(head)、主体(body)两大部分。头部描述浏览器所需的信息,主体包含所要说明的具体内容。

HTML 文件是带有格式标识符和超文本链接的内嵌代码的 ASCII(American standard code for information interchange,美国信息交换标准代码)文本文件,HTML 结构可以被多种网页浏览器读取,通过网页传递各类资讯。从本质上来说,互联网是一个由一系列传输协议和各类文档所组成的集合,HTML 文件只是其中的一种。这些 HTML 文件存储在分布于世界各地的服务器的硬盘上,通过传输协议,用户可以远程获取这些文件所传达的资讯和信息。

(二)URL

URL(uniform/universal resource locator)即统一资源定位符,是用于完整地描述 Internet 上网页和其他资源地址的一种标识方法。互联网的每个文件都有其对应的唯一 URL。

URL 由 3 部分组成,即资源类型、存放资源的主机域名和资源文件名;也可认为由 4 部分组成:协议、主机、端口和路径。

URL 的一般语法格式如下(带方括号“[ ]”的为可选项)。

scheme://host[:port♯]/path/…/[? query-string][♯anchor]

具体说明如下。

scheme:协议(如 http、https、ftp)。

host:服务器的 IP 地址或者域名。

port♯:服务器的端口(如果是走协议默认端口,缺省端口 80)。

path:访问资源的路径。

query-string:参数,发送给 http 服务器的数据。

anchor:锚(跳转到网页的指定锚点位置)。

以淘宝链接为例:https://s. taobao. com/search? q＝玻璃胶。其中,“https”是传输协议,“s. taobao. com”是服务器域名,“search”是访问资源的路径,问号后的“q＝玻璃胶”是参数。如果有多个参数用“&”号连接。

(三)HTML 源码解析

打开某一网页(如淘宝网),在网页页面空白处单击鼠标右键,在弹出菜单中选择“查看网页源代码”(不同浏览器表述可能有所不同,也可能是“查看源”,其功能相同),如图 2-1 所示。

图 2-1　查看网页源代码

如图 2-2 所示,左侧是 HTML 的行号,右侧是 HTML 代码。

图 2-2　HTML 详情

通过键盘的 CTRL＋F 键调出搜索框,根据前端页面的目标信息进行搜索(如复制图 2-2 查看源码所在页页面中任一宝贝的标题或其中一部分关键词,粘贴到调出的搜索框内),找到目标信息则说明数据在 HTML 中,将此数据称为静态数据,如图 2-3 所示。

图 2-3　目标信息搜索

(四)CSS

HTML 只是设定了一个网页基本结构,但是还没办法形成我们看到的这么美观的颜色丰富的网页,这部分功能是通过 CSS 层叠样式表来实现的。依次点击检查"Element"(元素)和"Styles"(风格),就可以查看对应的 CSS 内容。

```
.ClassHead-wrap a {
    display: inline-block;
    float: left;
    padding: 0px 20px;
    line-height: 33px;
    height: 33px;
    cursor: pointer;
    color: #0474c8;
    border-width: 2px 1px 0px 1px;
    border-color: #fff;
    border-style: solid;
}
```

这就是一段 CSS 代码。

但是在网页中一般不会把 CSS 代码直接写在页面中,负责前端的程序员会把 CSS 统一写好后,放入.css 后缀的样式文件中,在网页中使用 link 标签连接到样式文件,就可以调用其中的样式库了。

(五)JavaScript

JavaScript 是目前很常见的一种语言,常被叫做 JS,当读者在网页中看到一些动态的内容,或者是交互性的功能(如点击后出现某种效果、自动滑动的图片等),都是通过 JS 实现的功能。

JS 通常也是单独放在.js 后缀的文件中,在网页中通过＜script src＝"＞＜/script＞标签调用。

(六)网络抓包

浏览器分析 Response(响应)中的 HTML,发现其中引用了很多文件,比如 Images 文件、CSS 文件、JS 文件。浏览器会自动再次发送 Request(请求)去获取图片、CSS 文件或 JS 文件,当所有文件都下载成功后,网页会根据 HTML 语法结构完整地显示出来。要注意的是,这些文件不会在网页源代码中呈现。

打开淘宝网任意空白位置,点击鼠标右键选择"检查"(有的浏览器可能是"审查元素"),或者按键盘 F12 进入开发者模式,单击"Network"(网络),如图 2-4 所示。

图 2-4　开发者模式

如图 2-5 所示,刷新页面(也可按 F5 键)可以获取许多文件,这个过程也被称为抓包。

图 2-5　抓包

搜索下拉框会有关键词推荐,与 HTML 源码解析时搜索出的信息不同,这些关键词并不是静态的(图 2-6 中两个箭头所指的方框中的内容是相同的),因为系统并不知道用户会搜索什么词,所以无法提前埋在 HTML 中。通过动态交互的方式,用户产生了操作,系统从服务器获取对应的数据包,使用开发者模式可以观察到这些数据包。

图 2-6　抓取关键词搜索结果

二、Power BI 采集

Power BI 是微软旗下的一款商业智能软件(BI),它包含桌面版、网页版和移动版。Power BI 的主要功能由桌面版承载,开发人员可通过桌面版将数据和报表发布到网页或者手机端。网页版可以对报表进行在线编辑,因此,当用户外出时只要记住账号和密码,找到网络就可以编辑报表,轻松应对各种突发状况。移动版需要安装 Power BI 的 APP(支持安卓和苹果系统),可以在 APP 上查看设计好的报表,在桌面版可以针对移动版重新设计报表样式。

利用 Power BI 数据分析工具采集其实也属于数据源码采集,上文介绍的方法需要手动去收集数据,需要耗费大量的时间和精力,使用软件构建采集脚本可极大地节约时间成本。

三、八爪鱼采集

八爪鱼是一款数据采集器,使用简单,可以从任何网页精确采集读者所需要的数据,生成自定义的、规整的数据格式。下面以爬取京东上的一些商品信息为例,介绍如何使用八爪鱼采集数据。八爪鱼采集器首页如图 2-7 所示。

图 2-7　八爪鱼采集器首页

一般情况下,新手使用内置的免费模板就可以实现一键数据采集,当然也可以通过自定义配置来更灵活地采集网页数据。本章实训部分会讲到利用八爪鱼采集器采集电商数据的完整流程。

四、编程语言

除了上文所示几种采集方式之外,很多编程语言也可以用来采集数据,例如 Python、R 语言等,使用编程语言采集数据需要采集者具备一定的语言基础。本节以 Python 为例,简单介绍用 Python 采集数据的流程。

Python 是一种跨平台的计算机程序设计语言,是一种高层次的结合了解释性、编译性、互动性和面向对象的脚本语言,同时也是入门简单、通俗易懂的编程语言。Python 在网络爬虫、数据分析、软件游戏开发、人工智能等领域都有突出的表现。

(一)网络爬虫

爬虫就是从各种网页上去采集所需要信息的工具,爬虫的目标对象十分丰富,文字、图片、视频等任何结构化或非结构化的数据爬虫都可以爬取。

可以用 Python 写一段代码,让它像小蜘蛛一样,自动在互联网这张大蜘蛛网上爬行,去抓取自己的猎物(数据)。Python 在爬虫领域的表现特别突出,生态极其丰富,Request、Beautiful Soup、Scrapy 等第三方库非常强大,这些第三方库都是爬虫的好帮手。

(二)数据清洗

在抓取来的数据中经常会出现格式不同的数据或异常值、缺失值等问题。这时候需要处理它们,这一步被称为"数据清洗",它是分析数据时比重最大的一部分,80%的工作基本耗在了这里。

Python 可以高效处理多维数据且兼容性强,在数据清洗方面能力突出,能一举解决数据多、乱、杂的问题,降低时间成本。

(三)储存

爬取完数据并进行清洗之后,需要储存数据,可以选择文本文件格式保存(如 CSV 文件),也可以选择存入数据库(如 MySQL)。

五、系统日志采集方法

很多互联网企业都有自己的海量数据采集工具,多用于系统日志采集,如 Facebook 公司的 Scribe、Hadoop 平台的 Chukwa、Cloudera 公司的 Flume 等。这些工具均采用分布式架构,能满足每秒数百兆的日志数据采集和传输需求。

(一)Scribe

Scribe 是 Facebook 公司开源的日志收集系统,在 Facebook 公司内部已经得到了大量的应用。Scribe 可以从各种日志源上收集日志,存储到一个中央存储系统中,可以是网络文件系统(Network File System,NFS)或分布式文件系统等,以便于进行集中统计分析处理。Scribe 为日志的"分布式收集,统一处理"提供了一个可扩展的、高容错的方案。

1. ScribeAgent

ScribeAgent(Scribe 代理服务器)实际上是一个 ThriftClient(Thrift 是一种接口描述语言和二进制通信协议,可以让你选择客户端与服务端之间传输通信协议的类别。ThriftClient 即为 Thrift 客户端),也是向 Scribe 发送数据的唯一方法。Scribe 内部定义了一个 Thrift 接口,用户使用该接口将数据发送给不同的对象。ScribeAgent 发送的每条数据记录包含一个种类(category)和一条信息(massage)。

2. Scribe

Scribe 接收 ThriftAgent(Thrift 代理服务器)发送的数据,它从各种数据源上收集数据,放到一个共享队列上,然后推送到后端的中央存储系统上。当中央存储系统出现故障时,Scribe 可以暂时把日志写到本地文件中,待中央存储系统恢复性能后,Scribe 再把本地日志续传到中央存储系统上。Scribe 在处理数据时根据种类将不同主题的数据存储到不同目录中,以便于分别进行处理。

3. 中央存储系统

存储系统实际上就是 Scribe 中的 store(store 是一个用于存储数据的文件或数据结构),当前 Scribe 支持非常多的 store 类型,包括文件、Buffer(缓冲存储器)或数据库。

(二)Chukwa

Chukwa 提供了一种对大数据量日志类数据进行采集、存储、分析和展示的全套解决方案和框架。在数据生命周期的各个阶段,Chukwa 能够提供近乎完美的解决方案。Chukwa 可用于监控大规模(2000 个以上节点,每天产生数据量在 TB 级别)Hadoop 集群的整体运行情况,并对它们的日志进行分析。

1. 适配器

适配器(ChukwaAdapter)是直接采集数据的接口和工具。每种类型的数据对应一个 Adapter,同时用户也可以自己实现一个 Adapter 来满足需求。

2.代理服务器

代理服务器(ChukwaAgent)给 Adapter 提供各种服务,包括启动和关闭 Adapter,将 Adapter 收集的数据通过 HTTP 传递给收集器,并定期记录适配器状态,以便适配器出现故障后能迅速恢复。一个代理服务器可以管理多个适配器。

3.收集器

收集器(ChukwaCollector)负责对多个数据源发来的数据进行合并,并定时写入集群。Hadoop 集群擅长处理少量的大文件,处理大量的小文件不是它的强项。针对这一点,收集器可以将数据先进行部分合并,再写入集群,防止大量小文件的写入。

4.多路分配器

多路分配器(ChukwaDemux)利用 MapReduce 对数据进行分类、排序和去重。

5.存储系统

Chukwa 采用 HDFS 作为存储系统。HDFS 的设计初衷是支持大文件存储和小并发高速写的应用场景,而日志系统的特点恰好相反,它需要支持高并发低速写的应用场景和大量小文件的存储,因此 Chukwa 框架使用多个部件,使 HDFS 满足日志系统的需求。

6.数据展示

Chukwa 不是一个实时错误监控系统,它分析的数据是分钟级别的,可以展示集群中作业运行的时间、占用的 CPU 及故障节点等整个集群的性能变化,能够帮助集群管理者监控和解决问题。

(三)Flume

Flume 是 Apache 旗下的一款开源、高可靠、高扩展、容易管理、支持客户扩展的数据采集系统,依赖 Java 的运行环境。Flume 最初由 Cloudera 的工程师设计,是用于合并日志数据的系统,后来逐渐发展,用于处理流数据事件。Flume 被设计成一个分布式的管道架构,可以看作在数据源和目的地之间有一个 Agent 的网络,支持数据路由。每一个 Agent 都由采集源(Source)、传输通道(Channel)和下沉地(Sink)组成。

1. Source

Source 负责接收输入的数据,并将数据写入管道。Flume 的 Source 支持 HTTP、JMS、RPC、NetCat、Exec、SpoolingDirectory。其中,Spooling 支持监视一个目录或者文件,解析其中新生成的事件。

2. Channel

Channel 存储、缓存从 Source 到 Sink 的中间数据,可使用不同的配置来做 Channel,例如内存、文件、JDBC(Java database connectivity, Java 语言数据连接库)等。使用内存虽性能高但不持久,有可能丢数据;使用文件更可靠,但性能不如内存。

3. Sink

Sink 负责从管道中读出数据并发给下一个 Agent 或者最终的目的地。Sink 支持的不同目的地种类包括 HDFS、HBase、Solr、ElasticSearch、File、Logger 或者其他的 FlumeAgent。

毋庸置疑,在流式数据处理的场景中,Flume 绝对是开源产品中的不二选择。其架构

Source、Channel、Sink 分别负责从上游服务端获取数据、暂存数据及解析并发送到下游。Flume 尤以其灵活的扩展性和强大的容错处理能力著称,非常适合在数据量大的情况下做数据解析、中转及上下游适配的工作。

另一方面,Flume 也有一些缺陷,如解析与发送都耦合在 Sink 模块,用户在编写 Sink 插件时不得不编写解析的逻辑,无法复用一些常规的解析方式;依赖 JVM(Java virtual machine, Java 虚拟机)运行环境,作为服务端程序可以接受,但是部署和运行一个数据收集客户端程序则变得相对笨重;Flume 的配置融合了 Channel 部分,基本配置并不简单,用户想用起来需要的前置知识较多。

六、API

利用网站自身提供的应用程序编程接口 API(application programming interface)实现网络数据采集(即调用网站 API),可以很好地解决数据相关的问题。

越来越多的社交媒体网站推出了开放平台,提供了丰富的 API,如脸书、推特、新浪微博、博客等。这些平台中包含了许多关于电子商务和跨境电子商务的话题、评论、图片等。这些平台允许用户申请平台数据的采集权限并提供相应的 API 接口采集数据。

API 调取主要有开放认证协议(OAuth)和开源 API 调用两类。

(一)开放认证协议

开放认证协议不需要提供用户名和密码来获取用户数据,它给第三方应用提供一个令牌,每一个令牌授权对应的特定网站(如社交网站),并且应用只能在令牌规定的时间范围内访问特定的资源。为了降低 OAuth 协议的复杂性,OAuth2.0 协议很快就被提出。OAuth2.0 更加关注客户端开发者的简易性,它为手机应用、桌面应用和 Web 应用提供了专门的认证流程。目前,各大社交网站,如脸书、推特、新浪微博等都提供 OAuth2.0 的认证支持。

在已获授权的情况下,第三方程序可通过这些 API 直接调取网络数据。通过 API 获取的网络数据通常以 JSON 或 XML 格式呈现,具有清晰的数据结构,非常便于通过程序直接进行数据抽取。

(二)开源 API 调用

开源 API 是网站自身提供的接口,可以自由地通过改接口调用该网站的指定数据。开源 API 调用方式如下。

如果需要发送 get 请求,则创建 HttpGet 对象;同样,如果需要发送 post 请求,则创建 HttpPost 对象。

发送参数,可调用 HttpGet、HttpPost 共同的 setParams()方法来添加请求参数,HttpPost 对象也可调用 setEntity()方法来设置请求参数。

调用 HttpClient 对象的 excute()发送请求,执行该方法会返回一个 HttpResponse。调用 HttpResponse 的 getAllHeaders()、getHearders(Stringname)等方法可获取服务器的响应头部信息。调用 getEntity()方法可获取 HttpEntity 对象,该对象包含了服务器的相应内容。

第二节　问题的提出

一、问题设计

现有一家互联网市场调查机构,为了给客户提供优质的服务,通过自家网站帮助有购房需求的客户更加方便及准确地查看全国房价的趋势,从而满足用户想要快速了解房地产行情的需求。该机构的数据运营部利用数据采集工具对全国各地区房价的数据进行采集,为下一步的房价趋势分析提供了大量的数据支撑。该机构的数据运营部通过第三方工具"八爪鱼"进入城市房产网站进行数据采集。

二、解决思路

为获得全国各地区准确的房价数据,可通过以下思路采集信息:①利用八爪鱼软件,打开目标网页;②对目标数据"全国城市住宅房价排行榜"进行选中操作;③对目标数据进行采集;④观察采集到的数据,对不需要的数据加以删减,并进行设置列名的操作;⑤数据采集完成后,按照要求导出对应的格式。

第三节　利用八爪鱼采集与挖掘数据

一、采集网址

采集网址:http://www.cityhouse.cn/default/forsalerank.html。

二、采集流程

(1)打开网页。

(2)找到目标数据。

(3)设置循环提取表格中的数据。

(4)保存采集流程。

(5)导出数据。

三、采集过程

(一)打开网页

在八爪鱼首页新建自定义任务,并输入网址,保存设置即可打开网页,如图2-8所示。

图 2-8　打开网页

(二)选中目标数据

　　进入网页就可以看到需要采集的目标数据"全国城市住宅房价排行榜"。选中表格中的一个单元格数据,点击右下角的提示符号,扩大选中的数据范围,如图 2-9 所示。

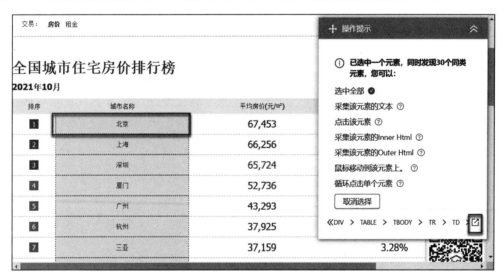

图 2-9　选中数据

　　然后在操作提示中单击"选中子元素"—"选中全部",即可选中所有目标数据,如图 2-10 所示。

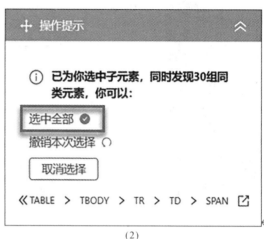

(1)　　　　　　　　　　　　　　　(2)

图 2-10　选中所有目标数据

(三)数据采集

选中所有目标数据后,单击操作提示中的"采集数据"即可获取表格中的所有数据,如图 2-11 所示。

图 2-11　采集数据

(四)设置列名

在采集页面的下方可以预览数据的采集结果,观察数据发现有一列的数据内容为网页链接,可以选择删除该列,如图 2-12 所示。再根据网页显示修改对应列名,修改内容如图 2-13 所示。

图 2-12　删除多余列

#	排序	城市名称	平均房价	同比
1	1	北京	67,453	6.14%
2	2	上海	66,256	12.62%
3	3	深圳	65,724	-16.51%
4	4	厦门	52,736	9.48%
5	5	广州	43,293	12.89%
6	6	杭州	37,925	17.85%
7	7	三亚	37,159	3.28%

图 2-13　修改列名

(五)保存与采集

在列名修改完成后,可以设定表格名称,保存采集流程后,即可点击"采集"按钮启动本地采集,并可以将数据储存在 Excel 当中,如图 2-14 至图 2-16 所示。

图 2-14　启动本地采集

图 2-15　导出数据

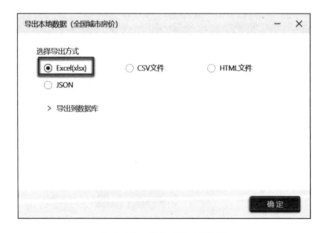

图 2-16　保存采集的数据

最终得到的数据如图 2-17 所示。

排序	城市名称	平均房价	同比
1	北京	67,453	6.14%
2	上海	66,256	12.62%
3	深圳	65,724	-16.51%
4	厦门	52,736	9.48%
5	广州	43,293	12.89%
6	杭州	37,925	17.85%
7	三亚	37,159	3.28%
8	南京	35,995	8.09%
9	陵水	30,284	-4.4%
10	天津	27,246	3.22%
11	珠海	26,257	12.72%
12	福州	25,854	0.74%
13	宁波	24,700	1.62%
14	东莞	22,433	4.87%
15	温州	22,372	-2.77%
16	丽水	22,205	12.29%
17	苏州	21,899	-2.85%
18	万宁	21,655	-2.39%
19	青岛	21,120	-1.72%
20	金华	21,023	22.88%
21	合肥	20,998	22.83%
22	海口	19,311	23.86%
23	武汉	19,159	0.73%

图 2-17　数据展示

本章小结

　　数据采集适用于各行各业的商务活动,通过选择合适的数据采集工具合法地获取数据,能够为商务数据分析提供支撑。数据采集的准确性对数据分析的结果有重要的意义。为进行准确的数据采集,本案例主要利用八爪鱼采集器进入"全国城市住宅房价排行榜"对全国各地区的房价和增长情况进行数据获取,以满足购房的用户能够更加方便及准确地查看全国房价的演变趋势,及时了解房地产行情的需求。

　　为获得全国各地区准确的房价数据,本案例采取的具体步骤如下:①在八爪鱼首页新建自定义任务,并输入网址,保存设置即可打开网页。②打开网页后,选中目标数据"全国城市住宅房价排行榜",选中表格中的一个单元格数,点击页面右下角的提示符号,扩大选中的数据范围。③选中所有目标数据后,单击操作提示中的"采集数据"即可获取表格中的所有数据。④观察采集到的数据,将有一列的数据内容为网页链接的内容进行删除,再根据网页显示修改其余对应列名。⑤在列名修改完成后,可以设定表格名称,保存采集流程后,即可点击"采集"按钮启动本地采集,并将数据储存在 Excel 当中。

　　本章实训部分主要介绍利用八爪鱼采集器采集电商数据的操作方法,八爪鱼采集器的使用范围广,且有些网站数据通过自动识别可直接获取。本案例中的网址也能够实现自动获取。此外,不能直接获取的数据也可以通过自定义建立循环和采集逻辑来轻松获取网页信息。

▶ 拓展实训

商务数据采集与挖掘

【实训目的】

通过教师的讲解与实践操作,学生逐渐熟悉八爪鱼数据采集平台,并且能利用其实现数据采集操作。

【思考与练习】

1. 数据采集的基本流程和常见数据采集的方式有哪些?

2. 利用八爪鱼数据采集工具采集京东平台任意三款热销手机的评论数据。

Chapter 3

第三章
基于文本分析法的消费者舆情分析

> ### 章节目标

1.了解大数据在营销管理中的应用。
2.了解文本分析法的基本概念和应用。
3.掌握利用文本分析法分析消费者舆情的步骤。

> ### 学习重点、难点

【学习重点】
1.大数据背景下消费者舆情分析的必要性。
2.文本分析法的应用。

【学习难点】
1.利用文本分析法对数据进行清理。
2.根据分析结果提出营销策略。

> ### 本章思维导图

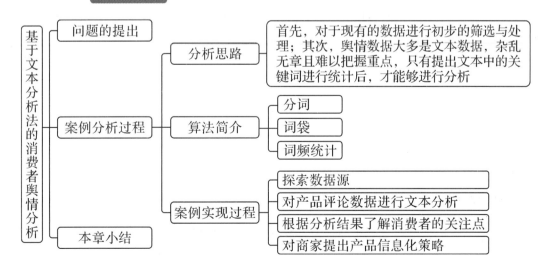

　　舆情在商务活动中是指在一定的社会空间内,主体的消费者对作为客体的企业和产品所产生和持有的态度,通常舆情通过语言文字来表达。语言文字是营销场景中最常用的交互方式,比如在线评论、消费者服务热线、新闻发布、营销传播等活动都创造了有价值的文本数据。文本分析法是对文字类型的数据进行处理的方法,即从大量文本数据中抽取出有价值的知识,并且利用这些知识重新组织信息。

　　由于文本是非结构化的数据,要想从大量的文本中挖掘出有用的信息首先就必须将文本转化为可处理的结构化形式。关于文本表示的研究主要集中于文本表示模型的选择和特征词选择算法的选取上。用于表示文本的基本单位通常称为文本的特征或特征项。特征项必须具备一定的特性:①特征项确实能够标识文本内容;②特征项具有将目标文本与其他文本相区分的能力;③特征项的个数不能太多;④特征项分离要比较容易实现。在中文文本中可以采用字、词或短语作为表示文本的特征项。

　　对消费者舆论数据的分析有利于企业更好地了解市场需求,并随着需求的变化改进和优化自身的产品和服务,从而更好地获得市场的认可。

第一节　文本分析法介绍

一、文本分析法简介

　　文本分析是指对文本的表示及其特征项的选取。文本是由特定的人制作的,文本的语义不可避免地会反映人的特定立场、观点、价值和利益,因此,由文本内容分析可以推断文本提供者的意图和目的,这便是文本分析法的核心。

二、分词

　　分词是指将中文文本从连续字符形式转化为离散词流形式,即将完整的文本字符串切分为词或单个字的形式。对句子进行精确分词首先需要在词库中进行搜索匹配,将句子根据匹配的结果分成那些常见的词组或者单词。

　　此外,添加特殊的或不应被切分开的词语至"用户词典",这样,分词时将依据"用户词典"进行分词,能够避免分词错误。

三、词袋

　　为了对句子进行分词,可根据分隔符将句子分割开来,形成一个个独立的词语或者单词,即为词袋。

四、词频统计

　　有些词频很高、但对文章却没有太多意义的语气词和助词(如"这""我""你们""吗"等),需加以去除以便更好地分析语义。

第二节　问题的提出

一、问题设计

　　某电商企业拟根据消费者偏好对产品的款式、颜色、做工和面料等进行调整,以帮助商品更好地满足市场需求,提高产品的竞争力,从而增加产品的销量。该企业请运营部对店铺内某款商品的评价数据进行了采集,需要从评价内容中提取消费者对该商品的评价态度及关注重点等,从而把握消费者的需求偏好以便优化营销策略。已知该商品为连衣裙,评价数据中包含的部分内容如表 3-1 所示,共有 2000 条数据。

表 3-1　连衣裙评价数据

买家	SKU①	评价内容	追评
d＊＊5	颜色分类:背心中长款	当睡衣也可以,给个五星好评吧!建议大家购买!面料超级柔软,是超级薄款的,但是它是会起球的。整体评价:不错。	衣服收到了,值得信赖的商家,服务态度也不错。版型风格:常规。穿着更舒服,莫代尔的面料柔软舒适。
维＊＊1		评价方未及时做出评价,系统默认好评!	极度褪色,勿买……
圣＊＊8	颜色分类:吊带加长款	面料挺舒服的,穿起来很柔软,就是买的加长款有点长,下次来买个短一点的吧!	
t＊＊4	颜色分类:背心加长款	必须好评,这么优惠的价格,质量太好了。赶快再去买一件。真心推荐!	
y＊＊2	颜色分类:短袖加长款	衣服收到了,买了 4 件,质量嘛,有点起球,但是弹性很好,莫代尔面料可以贴身穿的,宅家穿就好了,不能出门。	
很＊＊y	颜色分类:吊带常规款	我觉得作为打底是不错的,用来搭配一些外套真的很百搭,性价比很高的。	
t＊＊4		评价方未及时做出评价,系统默认好评!	布料不掉色,亲肤柔软……
向＊＊0	颜色分类:短袖中长款	薄薄的可舒服了,喜欢可以放心购买。	
我＊＊大	颜色分类:背心中长款	怀孕 8 个月穿上依然好看,好评,买吧,姐妹们!	
m＊＊8	颜色分类:短袖加长款	超级舒服,居家当睡裙太合适了。建议买大码,这样不会包身。	
泥＊＊乖		评价方未及时做出评价,系统默认好评!	非常舒服,不过有点透。
t＊＊8	颜色分类:背心加长款	宝贝收到了,非常满意,穿上非常舒适。	
……	……	……	……

注:①SKU,即 stock keeping unit,最小存货单位。

二、解决思路

电商的核心维度是产品、营销和服务,做好这3个方面就可以在电商行业立足。而消费者舆情则为优化这3个维度提供了核心数据支撑。消费者如何评价我们的产品和服务,将直接影响我们如何对产品和服务进行升级迭代。

对于电商行业而言,舆情分析可以这样来理解:将客户在线上留下的文字(聊天记录、评论等)进行统计和模型分析,了解客户对品牌、产品的看法,以及需求和情感上的喜恶。舆情分析对品牌、产品的战略定位会起到非常重要的作用,能够为运营者做出正确决策提供重要参考。

分析思路主要包括以下两点。

第一,对于现有的数据进行初步筛选与处理。直接从网站上采集的评论数据难免存在一些无效内容,如默认好评、无相关的凑字评论等,需进行剔除。

第二,舆情数据大多是文本数据,杂乱无章而难以把握重点,只有通过提取文本中的关键词进行统计后,才能够进行分析。因此,我们需要基于评论内容进行关键词的提取。

第三节　基于文本分析法进行消费者舆情分析

一、探索数据源

数据源共包含4个字段,2000条记录。4个字段分别为"买家""SKU""评价内容""追评"。由于我们要做基于商品评价的舆情分析,因此初步确定需要用到的字段为评价内容。

在电商平台中,评价显示原则通常是有参考价值的评论向前排,主要参考指标有信用等级、实名认证等,其中比重最大的是评论内容,追评会算到排序权重里。由此看来,追评也是反应顾客对商品评价的一个重要部分。因此,在时间、精力允许的情况下,还可以进一步对追评内容进行分析,其过程与基于评价内容的分析类似,如图3-1所示。

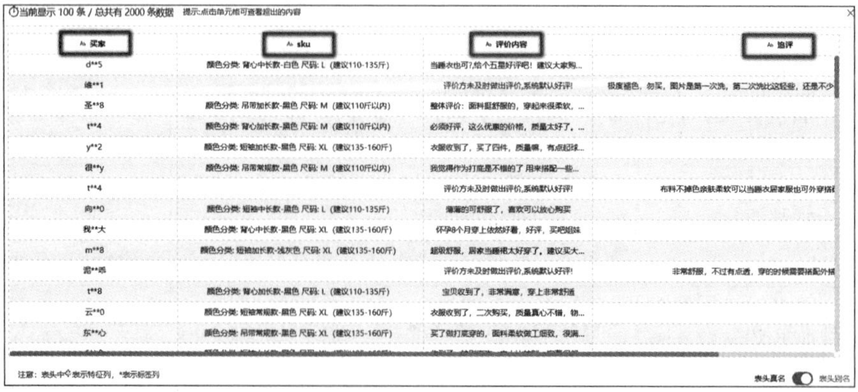

图 3-1　数据源

二、对产品评论数据进行文本分析

就个人语言表达习惯而言,若排除复制粘贴等特殊情况的干扰,每个人的表达内容及方式是千差万别的,因此很难出现两个人的评价内容完全相同的情况。但结合评价数据采集的实际情况而言,可能存在无内容评价或者默认好评的情况。例如,出现类似于"评价方未及时做出评价,系统默认好评!"的内容,此时我们就需要对这种无效的重复内容进行过滤。

通过去除重复值的方式,可以对无效的重复信息进行过滤。初步过滤之后,共剩余1802条有效数据,如图3-2所示。

⌚当前显示100条 / 总共有1802条数据　提示:点击单元格可查看超出的内容		✕
Aa 买家	**Aa sku**	
微**5	颜色分类: 背心加长款-黑色 尺码: XL (建议135-160斤)	
我**贝	颜色分类: 吊带加长款-黑色 尺码: XL (建议135-160斤)	完美。看到这个价钱根本不敢买,但闺蜜想买当睡裙,她喜欢黄
t**3	颜色分类: 背心加长款-浅灰色 尺码: L (建议110-135斤)	
t**0	颜色分类: 背心常规款-黑色 尺码: XL (建议135-160斤)	
l**1	颜色分类: 短袖加长款-浅灰色 尺码: XL (建议135-160斤)	
小**3	颜色分类: 背心加长款-黑色 尺码: M (建议110斤以内)	
t**0	颜色分类: 吊带加长款-黑色 尺码: L (建议110-135斤)	
1**u	颜色分类: 背心加长款-黑色 尺码: M (建议110斤以内)	
t**1	颜色分类: 背心加长款-黑色 尺码: XL (建议135-160斤)	
t**3	颜色分类: 吊带中长款-黑色 尺码: L (建议110-135斤)	
无**婉	颜色分类: 吊带加长款-黑色 尺码: L (建议110-135斤)	
注意: 表头中◇表示特征列,*表示标签列		表头真名 ⬤ 表头别名

图 3-2　去除重复值后的数据

评价内容中包含消费者们所关心的信息,如商品的特点、对商品的评价态度等。不同消费者所关注的点或者对同一商品的期待及评价态度又是不同的,如同一件衣服,消费者A更看重衣服的价格,消费者B更关心衣服的材质,而消费者C更关注衣服的款式、领型、袖型等。

由此,我们除了直接基于所有评价内容进行关键词分析外,还可以考虑根据不同的关注特征来筛选行,得到不同侧重点的评价内容,再分别进行关键词的分析。如分别添加"面料"和"尺码"作为筛选行的条件,则有273条评价内容涉及"面料"(见图3-3),有14条评价内容涉及"尺码"(见图3-4)。对比来看,相对于该款连衣裙的尺码是否标准,有更多的消费者关心该款连衣裙的面料。

图 3-3　筛选出"面料"的评论内容数据

图 3-4　筛选出"尺码"的评论内容数据

三、根据分析结果了解消费者的关注点

观察数据可以发现,消费者的评价多是一些较长的语句,甚至是成段的内容,而我们需要的是一个个简短的关键词,这样才能快速有效地把握消费者的关注点。因此,可以通过"分词"操作,将较长的评价语句分成一个个关键词或者关键词组。如图 3-5 所示,"分词"之后我们可以看到新增了两列分词结果列,其中最后一列"评价内容_seg_words"是以数组形式呈现的结果列,接下来可以基于该列内容进一步提取关键词。

⊕当前显示 100 条 / 总共有 1802 条数据　提示点击单元格可查看超出的内容				×
Aa sku	Aa 评价内容	Aa 追评	Aa 评价内容_seg	# 评价内容_seg_words
颜色分类: 背心加长款-黑色 尺码: XL (建议135-160斤)	只适合穿起睡觉		只/适合/穿/起/睡觉	WrappedArray(只, 适合, 穿...
颜色分类: 吊带加长款-黑色 尺码: XL (建议135-160斤)	完美。看到这个价钱根本…		完美/。/看到/这个/价钱/…	WrappedArray(完美, 。,…
颜色分类: 背心加长款-浅灰色 尺码: L (建议110-135斤)	很好看, 也舒服		很/好看/, /也/舒服	WrappedArray(很, 好看,…
颜色分类: 背心常规款-黑色 尺码: XL (建议135-160斤)	挺好, 其实还可以再大…		挺/好/, /其实/还/可以/再…	WrappedArray(挺, 好, ,,…
颜色分类: 短袖加长款-浅灰色 尺码: XL (建议135-160斤)	比想象中的还要好, 衣服…		比/想象/中/的/还要/好/,…	WrappedArray(比, 想象,…
颜色分类: 背心加长款-黑色 尺码: M (建议110斤以内)	第二次购买了 质量很好 喜欢		第二次/购买/了/质量/很好/…	WrappedArray(第二次, 购…
颜色分类: 吊带加长款-黑色 尺码: L (建议110-135斤)	衣服已收到, 不错是莫代…		衣服/已/收到/, /不错/是/…	WrappedArray(衣服, 已,…
颜色分类: 背心加长款-黑色 尺码: M (建议110-135斤)	裙子穿着很舒服, 莫代尔…		裙子/穿/着/很/舒服/, /莫…	WrappedArray(裙子, 穿,…
颜色分类: 背心加长款-黑色 尺码: XL (建议135-160斤)	质量保证, 发货快, 服务…		质量/保证/, /发货/快/, /…	WrappedArray(质量, 保证…
颜色分类: 吊带加长款-黑色 尺码: L (建议110-135斤)	质量有点一言难尽, 退款…		质量/有/点/一言难尽/, /…	WrappedArray(质量, 有,…
颜色分类: 吊带加长款-黑色 尺码: L (建议110-135斤)	长了点, 其他挺好的		长/了/点/, /其他/挺/好/的	WrappedArray(长, 了, 点…

注意: 表头中⊕表示特征列, *表示标签列　　　　　　　　　　　　表头真名 ⬤ 表头别名

图 3-5　评价内容分词结果

观察分词结果可以发现有些词出现的频率很高,但后面的分析没有什么实际作用,如"很""的""了""啊""呀"等。这类词语对体现顾客的消费态度没有什么实际意义,反而可能给我们的统计分析造成干扰,因此可以考虑对类似词语进行过滤和停用。如图 3-6 所示,可以通过添加停用词列表来处理停用词,此处的停用词列表可以根据自己分析的实际需要进行添加。

图 3-6　停用词列表设置

剔除无用的关键词后,即可对剩余的有效关键词进行词频统计,从而了解各个关键词出现的频次。频次越大,说明该关键词在消费者的评价内容中出现的频率越高。通常,我们观察的关键词主要围绕两类:一类是名词,名词主要体现消费者对商品的关注点,如衣服的"材质""尺码"、眼镜的"镜片""镜架"等;另一类是形容词,形容词能够在一定程度上体现消费者对该商品的评价态度,如"好""坏""柔软""舒服"等。图 3-7 为关键词词频统计结果,列表中可以看到最终得到的各关键词及其对应的频次。

观察可以发现，"舒服""好""不错""很好"这4个关键词出现的频次最高，说明消费者对于该连衣裙正向的评价居多；此外，"面料""质量"等词频次排名也较靠前，说明消费者对该连衣裙的面料和质量也是较为关注的。

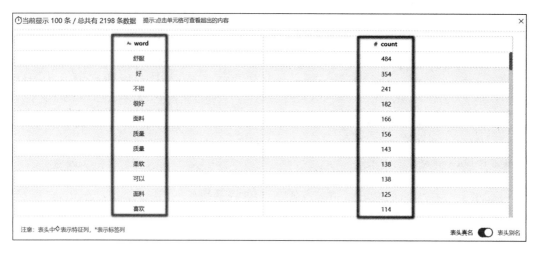

图3-7　词频统计结果

四、对商家提出产品信息优化策略

根据文本分析的结果，很显然消费者对产品的面料和质量更加感兴趣。商家应该根据消费者的需求偏好去调整自身产品的面料和质量，加大对产品质量的管控，在控制成本的同时保证产品的质量，最终使自己的产品更加满足市场的需求，在与同行的竞争中处于优势的地位。

本章小结

基于文本分析法，对消费者舆情进行分析是本章的核心内容，目的在于了解消费者的诉求，同时要求企业改善商品质量，提高市场竞争能力。为实现该目的，本案例以某电商企业店铺内的连衣裙为例，采集了店铺连衣裙的所有客户评论数据，利用文本分析法对消费者舆情进行分析，提取消费者对商品的评价态度及关注重点，以便根据消费者的偏好对产品的款式、颜色、做工和面料等进行调整。

为了解消费者对店铺连衣裙的态度，本案例通过以下具体步骤实现：①获取店铺内消费者对商品的评价内容及追评的文本信息，共获得2000条数据。②在对数据进行基础探索之后，发现数据存在重复值，因此需要对其进行去重复值操作，对信息进行过滤后，得到1802条有效数据。③使用经处理后的数据，根据不同的关注特征来筛选行，得到不同侧重点的评价内容，再分别进行关键词的分析。④将根据关注特征进行筛选后的评价内容进行"分词"操作，将较长的评价语句分成一个个关键词或者关键词组，得到的"评价内容_seg_words"是以数组形式呈现的结果列，接下来可以基于该列内容进一步提取关键词。⑤观察分词结果,通过添加停用词列表来处理停用词,对类似"呢""了"等词语进行过滤停用。⑥剔除无用的关键词后,即可对剩余的有效关键词进行词频统计,进而了解各个关键词出现的频次。我们需要重点关注评价内容中的名词与形容词出现的频次。

通过对消费者的舆情进行分析,可知消费者对连衣裙的评价中"舒服""好""不错""很好"这4个关键词出现的频次最高,说明消费者对于该连衣裙的正向评价居多;此外,"面料""质量"等词频次排名也较靠前,说明消费者对该连衣裙的面料和质量是较为关注的。因此,商家应该根据消费者的需求偏好去调整自身产品的面料和质量,加大产品质量管控,最终使自己的产品在竞争中获取优势地位。

> **拓展实训**

消费者舆情分析

【实训目的】

巩固文本分析法的相关知识;通过教师讲解与实践操作,学生逐渐熟悉思睿智训数据挖掘模块中的文本分析方法,能利用其进行消费者舆情分析并把握消费者偏好。

【思考与练习】

1.了解文本分析法的理论知识、适用场景及相关参数说明。

2.使用文本分析法挖掘节点,掌握舆情分析的案例操作,理解模型含义。

Chapter 4

基于 RFM 模型的客户分类

▶ 章节目标

1. 了解大数据在客户管理中的应用。

2. 了解 RFM 模型的基本概念和应用。

3. 掌握利用 RFM 模型辅助客户分类的方法。

▶ 学习重点、难点

【学习重点】

1. 大数据背景下的客户分类管理。

2. RFM 模型的应用。

【学习难点】

1. RFM 模型的构建。

2. 根据不同客户进行精准营销。

▶ 本章思维导图

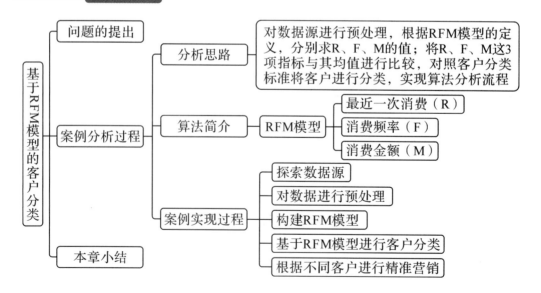

客户管理(customer relationship management,CRM)是经营者利用现代信息技术,收集和分析客户信息,把握客户需求特征和行为偏好,积累和共享客户知识,有针对性地为客户提供产品或服务,发展和管理与客户之间的关系,从而培养长期忠诚度,以实现客户价值最大化和企业收益最大化之间平衡的管理方式。

从管理学的角度来看,客户管理工作的重点应在于管理和延长整体客户,特别是优质客户的生命周期,通过有效地满足现有客户的需要来扩大客户基础。因此,如何赢得和维持客户成为企业利益攸关的大事。企业只有加强客户管理,不断地提高管理客户的能力,把一次性客户转化为长期客户,把长期客户转化为终身忠诚客户,才能增强企业的核心竞争能力。

在竞争日趋激烈的现代社会,企业仅仅靠提高产品品质来留住客户已经远远不够了,为客户提供符合其需求的优质服务成为关键。由于企业客户的需求存在多样性,那么企业就需要针对不同的客户提供个性化的服务。企业可以把海量的数据(客户信息)通过数据技术进行收集、整理,从而形成数据集或数据群,即不同的客户群。然后,利用数据挖掘分析技术使这些数据集群产生巨大的商业价值。

第一节　RFM 分析法介绍

一、RFM 模型简介

RFM 模型是衡量客户价值和客户创利能力的重要工具和手段,被广泛地应用于用户价值衡量、用户细分等领域。该模型通过一个客户的最近一次消费(recency, R)、消费频率(frequency, F)、消费金额(monetary, M)3 项指标,描述该客户的价值状况。简而言之,RFM 分析是根据客户活跃程度和交易金额来进行客户价值细分的一种方法。RFM 模型中 3 项指标的含义分别如下。

(一)最近一次消费

最近一次消费指的是上次购买,即客户上次到达商店的时间。从理论上来讲,最后一次消费的客户应该是更好的客户,因为他们最有可能即时对商品或服务做出响应。R 值越小表示客户在该店消费的时间越近,即最近有购买行为的客户是复购可能性越高的有价值的客户。

(二)消费频率

消费频率是指客户在一定时间内进行的购买次数。可以说,购买次数最多的顾客是满意度最高的顾客。同时也是忠诚度最高的顾客。客户购买数量的增加意味着从竞争对手那里抢夺市场份额,并从他人那里获得营业额。F 值越大代表该段时间内消费者的购买频率越高,存在极大的复购可能性。

(三)消费金额

消费金额代表总购买金额,指的是某一期间消费者购买商品的金额。M 值越大表示该类客户对本店铺(商品)的购买意愿转化为购买行为的可能性越大,消费越多的用户价值越大,该类客户的价值也应受到关注,反之亦然。

RFM 的假设前提如下。

(1)最近交易过的客户>最近没有交易过的客户。

(2)交易频率高的客户>交易频率低的客户。

(3)交易金额大的客户>交易金额小的客户。

二、基于 RFM 模型分类

信息时代企业营销焦点从产品中心转变为客户中心,客户管理成为企业的核心问题。客户管理的关键问题是客户分类,准确的客户分类是企业优化营销资源分配的重要依据,通过客户分类,区分高价值客户、低价值客户,企业可以针对不同价值的客户制定个性化服务方案,采取不同的营销策略,将有限营销资源集中于高价值客户,精准投放广告,实现企业利润的最大化。

RFM 模型根据每个指标数据的均值,通过将每位客户的 3 个指标与均值进行比较来分析客户价值。若对应字段取值小于均值,权值取 0;否则取 1。可将客户按价值细分为 8 种类型:高价值客户、重点保持客户、重点发展客户、重点挽留客户、一般价值客户、一般保持客户、一般发展客户和潜在客户,具体分类标准如表 4-1 所示。

表 4-1　客户价值细分表

R 值	F 值	M 值	客户类型
0	1	1	高价值客户
1	1	1	重点保持客户
0	0	1	重点发展客户
1	0	1	重点挽留客户
0	1	0	一般价值客户
1	1	0	一般保持客户
0	0	0	一般发展客户
1	0	0	潜在客户

第二节　问题的提出

一、问题设计

现有某珠宝类目卖家想要提高店铺的复购率,需要基于客户的交易信息对客户进行细分,从而判别客户属于哪种类型;然后进一步挖掘出具有发展潜能的客户,从而制定更为精准的营销策略。该店的数据运营专员采集了该店铺 2021 年 9 月的客户消费记录数据(采集时间 2021 年 12 月 1 日),然后利用 RFM 模型进行客户价值细分。先根据 RFM 模型将客户分成 8 类,即重要发展客户、重要价值客户、重要挽留客户、重要保持客户、一般价值客户、一般保持客户、一般发展客户和潜在客户,然后再对每一个类别的客户提出对应的营销策略。

二、解决思路

对于企业而言,客户管理就是企业在树立"以客户为中心"的经营理念的基础上,开展的包括判断、选择、争取、发展和保持客户的商业过程。根据客户价值进行排序,并制订相应的业务开发和服务计划,这种价值细分的模式在企业中得到了广泛的应用。本案例首先选取了店铺客户的消费记录数据,再对数据进行整合处理,利用 RFM 模型对客户进行价值分析,分析思路如下。

(1)对数据源进行预处理。

(2)根据 RFM 模型的定义,分别求出 R、F、M 值。

(3)将 R、F、M 3 项指标与其均值进行比较,对照客户分类标准将客户进行分类,实现算法分析流程。

第三节 基于 RFM 模型进行客户分类

一、探索数据源

首先将本次实训用到的数据导入"关系数据源"中,然后新建实验,保存之后从左边数据源中拖拽"关系数据源"到中间"画布区",并在右边参数区根据自己上传数据的对应路径找到数据表。本次实训我们选择的是客户价值分析数据,随后点击鼠标右键"关系数据源"节点并点击"执行到此处",执行成功后右击查看关系数据源节点的输出结果,流水数据如图 4-1 所示,共计 13 个字段,769 条数据。

⊙当前显示 100 条 / 总共有 769 条数据　提示点击单元格可查看超出的内容						✕
Aα 订单编号	Aα 买家会员名	Aα 买家支付宝账号	# 买家应付邮费	# 买家支付积分	# 总金额	
140930883856627111	睡不醒的拿破仑	********	0		1892.0	卖家
140530901588620735	微凉℃	********	0	0	123150.0	买家
140130906009524786	静海漂亮妹纸	********	0	0	50000.0	买家
140830914487183324	皓月飘飘	********	0	0	123150.0	买家
140530916679634786	寒烟暮雨	********	0	0	123150.0	买家
140930942372230696	天秤座的玲	********	0	0	4980.0	买家
140730947202458453	success	********	0	0	2692.0	买家
140730947681778453	、素颜、	********	0	0	1550.0	买家
140130961306158876	莫离别	********	0	0	99999.0	买家
140131031916555364	小天怜爱	********	0	0	1550.0	买家

图 4-1　导入数据

字段数据类型如表 4-2 所示。订单创建时间是订单付款前产生的,由于买家会因为各种各样的原因取消付款,所以有些订单只有创建时间并无付款时间,因此需要对并未产生订单付款的数据进行筛选。

表 4-2　字段数据类型

字段名	数据类型
订单编号	文本型
买家会员名	文本型
买家支付宝账号	文本型
买家应付邮费	整型
买家支付积分	整型
总金额	整型
订单状态	文本型
收货人姓名	文本型
收货地址	文本型
运送方式	文本型
联系手机	文本型
订单创建时间	日期型
订单付款时间	日期型

二、对数据进行预处理

(一)空值处理

对于未付款的订单,我们选择"空值处理"中的"过滤整行"进行过滤,数据源中若存在空值的行即被过滤了。这里需要注意的是,根据数据格式不同,有时候系统在导入数据时会自动将空值填充为 0。在这种情况下,需要观察导入的原始数据,如果空值处都是 0,那么就不能使用空值处理节点,可以使用"行选择"节点,将不为 0 的值筛选出来。

将"空值处理"节点拖拽到画布区,并与关系数据源节点相连接,空值处理的参数设置如图 4-2 所示,基于"订单付款时间"进行空值处理。

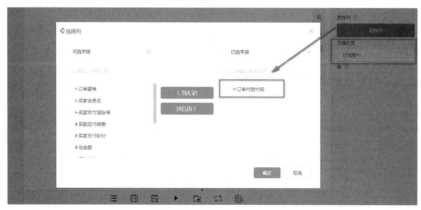

图 4-2　空值处理

空值处理节点执行成功后,查看输出如图 4-3 所示,原数据源有 769 条数据,进行空值处理后剩余 742 条。

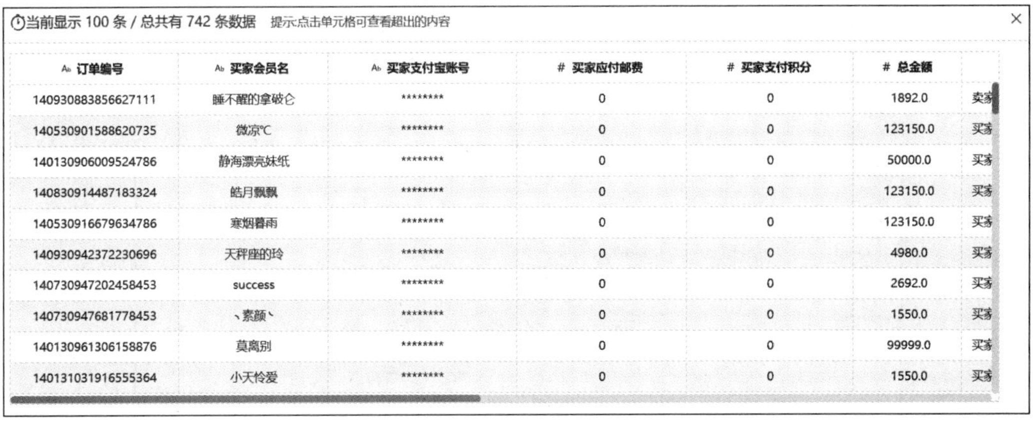

Aa 订单编号	Aa 买家会员名	Aa 买家支付宝账号	# 买家应付邮费	# 买家支付积分	# 总金额	
140930883856627111	睡不醒的拿破仑	********	0	0	1892.0	卖
140530901588620735	微凉℃	********	0	0	123150.0	买
140130906009524786	静海漂亮妹纸	********	0	0	50000.0	买
140830914487183324	皓月飘飘	********	0	0	123150.0	买
140530916679634786	寒烟暮雨	********	0	0	123150.0	买
140930942372230696	天秤座的玲	********	0	0	4980.0	买
140730947202458453	success	********	0	0	2692.0	买
140730947681778453	、素颜、	********	0	0	1550.0	买
140130961306158876	莫离别	********	0	0	99999.0	买
140131031916555364	小天怜爱	********	0	0	1550.0	买

当前显示 100 条 / 总共有 742 条数据 提示点击单元格可查看超出的内容

图 4-3 空值处理结果

(二)列选择

在 RFM 模型中需要用到的 3 项指标分别为最近一次消费间隔、消费频率和消费金额,这 3 项指标用来描述该客户的价值状况。"订单编号"由单个订单产生,具有唯一性;最近一次消费间隔,可通过"订单付款时间"和采集时间进行简单计算得到该生成列;消费频率,即客户进行购买的次数,可通过聚合思想对"买家会员名"重复出现次数进行统计计算;订单金额总额,即将数据源中的"总金额"字段进行汇总计算。因此,为得到 RFM 模型所需的 3 项指标,我们将需要用到的字段"订单编号""买家会员名""总金额""订单付款时间"选择为输出列。

拖拽"列选择"节点至画布区,并与"空值处理"节点相连接,"列选择"节点输出列设置如图 4-4 所示。

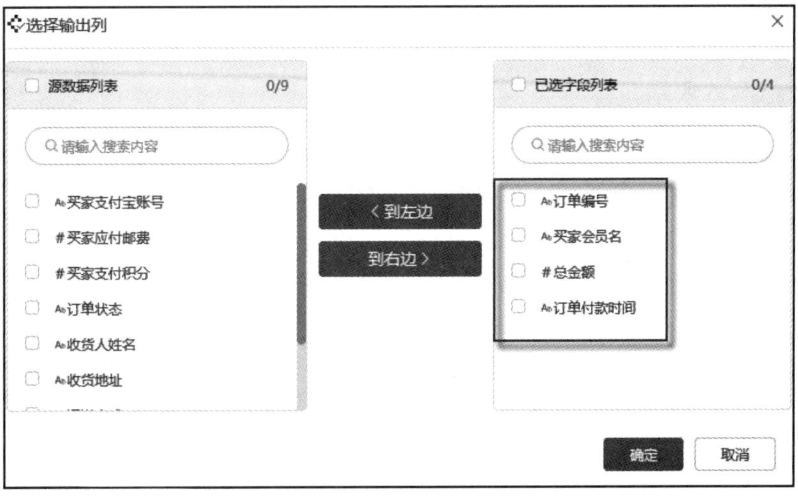

图 4-4 列选择

(三)元数据编辑

由于需要对"订单付款时间"和采集时间进行计算,因此,字段类型需要在"时间日期"或字符串情况下进行,这里我们利用"string"字符串格式进行计算。

拖拽"元数据编辑"节点至画布区,并与"列选择"节点相连接,元数据编辑节点参数设置如图 4-5 所示。

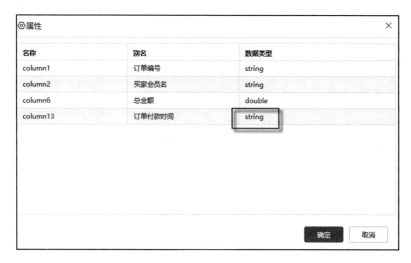

图 4-5　元数据编辑设置

(四)创建派生列

为得到"最近一次消费间隔",我们通过"派生列"节点进行计算。拖拽"派生列"节点至画布区并与"元数据编辑"节点相连接。添加派生列表达式,应注意的是表达式的格式为 datediff(string enddate, string startdate),意义为计算开始时间 startdate 到结束时间 enddate 相差的天数。

此处开始时间 startdate 以数据采集时间代替,结束时间以"订单付款时间"代替,因此我们在表达式区域填写"datediff('2021-12-01 00:00:00',[订单付款时间])",派生列命名为"R",如图 4-6 所示。

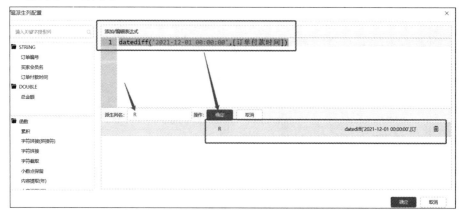

图 4-6　派生列配置

派生列节点运行成功后,点击鼠标右键查看输出,如图 4-7 所示,可以看到各订单的付款时间距今的时间间隔。

A₀ 订单编号	A₀ 买家会员名	# 总金额	A₀ 订单付款时间	# R
140930883856627111	睡不醒的拿破仑	1892.0	2021-09-01 00:39:44	91
140530901588620735	微凉℃	123150.0	2021-09-01 00:46:27	91
140130906009524786	静海漂亮妹纸	50000.0	2021-09-01 00:57:09	91
140830914487183324	皓月飘飘	123150.0	2021-09-01 01:58:52	91
140530916679634786	寒烟暮雨	123150.0	2021-09-01 02:10:37	91
140930942372230696	天秤座的玲	4980.0	2021-09-01 02:28:43	91
140730947202458453	success	2692.0	2021-09-01 03:40:23	91
140730947681778453	、素颜、	1550.0	2021-09-01 03:41:36	91
140130961306158876	莫离别	99999.0	2021-09-01 04:15:13	91
140131031916555364	小天怜爱	1550.0	2021-09-01 04:18:39	91
140950602326194672612	VIP潇潇	50000.0	2021-09-01 04:16:35	91

当前显示 100 条 / 总共有 742 条数据　提示:点击单元格可查看超出的内容

注意:表头中#表示特征列,*表示标签列　　　　表头真名 ⬤ 表头别名

图 4-7　派生列输出

(五)聚合

接下来拖拽"聚合"节点至画布区,并与"派生列"节点相连接,将各字段根据需求进行相关聚合运算。

聚合配置如图 4-8 所示。首先将"买家会员名"进行计数,生成的列名为"F";对"总金额"进行汇总,生成列名"M";之后再以"买家会员名"字段进行分组聚合 R、F、M 值。聚合结果如图 4-9 所示。

图 4-8　聚合配置

⏱当前显示 100 条 / 总共有 702 条数据　提示:点击单元格可查看超出的内容			
A⋗ Group_name	# R	# F	# M
睡不醒的拿破仑	91	2	4792.0
微凉℃	91	2	124362.0
静海漂亮妹纸	91	2	57980.0
皓月飘飘	91	2	124900.0
寒烟暮雨	91	2	124900.0
天秤座的玲	91	2	128130.0
success	91	1	2692.0
、素颜、	91	1	1550.0
莫离别	91	1	99999.0
小天怜爱	91	1	1550.0
VIP潇潇	91	1	50000.0

图 4-9　聚合输出

三、构建 RFM 模型

完成 3 项指标的聚合配置后,最后一步就是运用 RFM 模型进行客户分类。从"统计分析"模块拖拽"RFM"节点至画布区并与聚合节点相连接,点击右上角"选择特征列"参数设置(注意:先选择的字段权值更大)。

根据 RFM 指标顺序,R 值、F 值、M 值分别对应"recency"字段、"frequency"字段、"monetary"字段,3 个字段均指定为均值进行配置,如图 4-10 所示。

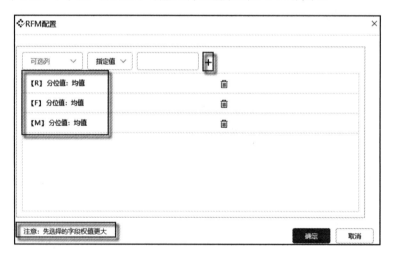

图 4-10　RFM 配置

整体工作流如图 4-11 所示。需注意,重点的步骤为元数据编辑、聚合和最后的 RFM 建模配置。理解模型指标含义和明确聚合所要达到的效果是至关重要的。

图 4-11 整体工作流

四、基于 RFM 模型进行客户分类

FRM 模型输出结果如图 4-12 所示,划分结果生成两个标签 binaryRFMClass 和 RFMClass。RFM 模型根据每个指标数据的均值,将每位客户的 3 个指标与均值进行比较。若对应字段取值小于均值,权值取 0;否则取 1。RFMClass 为 binaryRFMClass 根据其二进制取值转换成的十进制取值。

🕐当前显示 100 条 / 总共有 702 条数据 提示点击单元格可查看超出的内容						✕
ip_name	# R	# F	# M	Aᵥ binaryRFMClass		Aᵥ RFMClass
腐世	91	1	123150.0	101		5
\的绊羁	91	1	1750.0	100		4
小狮子	91	1	1212.0	100		4
盘侠	91	1	1750.0	100		4
騙	91	1	1750.0	100		4
纵	91	1	2692.0	100		4
宝贝	91	1	2060.0	100		4
趁	91	1	1892.0	100		4
IC梦属	91	1	2210.0	100		4
滴的人	91	1	2900.0	100		4
icky	91	1	50000.0	101		5

注意: 表头中◇表示特征列, *表示标签列   表头真名 ⬤ 表头别名

图 4-12 RFM 模型划分结果

在图 4-12 中,已经得到了模型划分的结果,根据 binaryRFMClass 列的权值对应表 4-1 可得出案例中各种客户所属类型,比如 binaryRFMClass 值为 110 的客户属于"一般保持客户"类型,以此挖掘出有发展潜能的客户,从而制定更为精准的营销策略。

五、根据不同客户进行精准营销

对照表4-1所展示的客户价值细分类型,可针对RFM模型输出的结果进行分析,并据此对不同类别的客户实施不同的营销策略(即个性化营销或者针对性营销策略),以减少客户的反感,促进客户的转化,实现精准化营销。

(一)针对高价值客户(011)

该类客户价值较高,消费频繁,消费金额高且最近有消费行为,是企业的最佳客户。可为其提供VIP服务和个性化服务来加以奖励。他们可以成为新产品的早期使用者,并有助于品牌提升。

在营销策略方面,可以发送站内私信或问候邮件等,比如:"恭喜您成为VIP!如果您有问题,我们会优先处理;如果我们有新产品或新活动,会优先告知您!""感谢您下单,祝您使用愉快!"

(二)针对重点保持客户(111)

该类客户经常购买产品,消费金额高,但最近没有消费行为。此类客户贡献度较大,但最近没有消费,有流失的风险。可以向他们发送个性化的重新激活链接以重新建立消费连接,并提供续订和有用的产品以鼓励其再次购买。

在营销策略方面,可以发送站内私信或邮件,比如:"Hello,好久不见!"也可以回访找出流失原因,与客户保持联系,提高其忠诚度与满意度;线下邀请其参加活动;开发线上互动功能,策划线上互动活动;等等。这类客户只要下单即成为高价值客户。

(三)针对重点发展客户(001)

该类客户是近期客户,最近有消费行为,消费金额高但频率不高。此类客户贡献度较大,但忠诚度还没有建立,应提供会员或忠诚度计划,或者推荐相关产品以实现向上销售并帮助他们成为品牌的忠实拥护者和高价值客户。

在营销策略方面,可以发放一定数量的优惠券,使优惠券额度递增,推出"满就减"活动等,让客户多下单,成为高价值客户。

(四)针对重点挽留客户(101)

该类客户曾经有消费行为,消费金额高,但消费频率低且最近没有消费行为。对该类客户需适当进行挽留营销,通过相关的促销活动或续订带回他们,并进行调查以找出问题所在,避免将其推向竞争对手。

(五)针对一般价值客户(010)

该类客户最近有消费行为,消费频次较高但消费金额低。可以考虑努力提高其客单价。在营销策略方面,可以提供产品优惠以吸引他们,如会员卡充100送10、"满就减"活动、套餐等。

(六)针对一般保持客户(110)

该类客户的特点一般是很久未消费,消费频次虽高但金额不高。针对该类客户可以提供积分制、各种优惠和打折服务,改变宣传方向和策略与他们重新联系。

(七)针对一般发展客户(000)

该类客户最近有购买行为,但消费金额和频次都不太高。对于该类客户可提供免费试用以提高客户兴趣,提高其对品牌的满意度。

(八)针对潜在客户(100)

这是指 RFM 值都很低的客户,这类客户一般不作为企业营销的重点。针对这类客户可以对其减少营销和服务预算,待机会合适时再开发其市场或选择放弃。

本章小结

客户关系管理的核心是客户价值管理,通过"一对一"的营销原则,满足不同价值客户的个性化需求,提高客户忠诚度和复购率,实现客户价值的持续贡献,从而全面提升企业的盈利能力。为有效管理客户关系,本案例选取了珠宝类目卖家 2021 年 9 月的客户消费记录数据,利用 RFM 模型进行了客户价值分析,以挖掘出具有发展潜能的客户,提高店铺的复购率。首先,需对数据源进行预处理、生成派生列和聚合运算操作;其次,将 RFM 模型所需客户的近期购买行为间隔、购买频次及总消费金额 3 项指标生成出来;最后,RFM 模型将这 3 项指标与其均值进行比较,对照客户分类标准将客户进行分类,实现算法分析流程。

为给客户提供个性化服务,本案例通过以下具体步骤实现:①根据现有客户价值分析数据,共计 13 个字段,769 条数据,将其导入"关系数据源",在"关系数据源"节点可选择查看详细数据。②在对数据进行基础探索之后,发现数据存在空值,即存在未付款订单,因此需要对空值进行处理。选择"空值处理"中的"过滤整行",基于"订单付款时间"进行过滤,但需要注意数据格式是否存在差异,若系统将空值默认填充为 0,则需要使用"行选择"节点,将不为 0 的值筛选出来。进行空值处理后,数据为 742 条。③使用筛选后的数据,根据 RFM 模型的 3 项指标,将字段"订单编号""买家会员名""总金额""订单付款时间"选择为输出列。④由于需要对"订单付款时间"和采集时间进行计算,因此,字段类型需要为日期型或字符型,这里我们采用"string"字符串格式进行计算。⑤在对元数据进行编辑后,为得到"最近一次消费间隔",我们通过"派生列"节点进行计算。添加派生列表达式,表达式的格式设置为 datediff,具体表达为"datediff('2021-12-01 00:00:00',[订单付款时间])",派生列命名为"R"。⑥得到各订单的付款时间距今的时间间隔后,将各字段根据需求进行相关聚合运算。首先将"买家会员名"进行计数,生成的列名为"F";对"总金额"进行汇总,生成列名"M";之后再以"买家会员名"字段进行分组聚合。⑦完成对数据的预处理后,构建 RFM 模型。在"统计分析"模块对"选择特征列"进行参数设置,根据RFM 指标顺序,R 值、F 值、M 值分别对应"recency"字段、"frequency"字段、"monetary"字段,3 个字段均指定为均值进行配置。⑧运行 RFM 模型,划分结果生成两个标签——binaryRFMClass 和 RFMClass。RFM 模型根据每个指标数据的均值,将每位客户的 3 个指标与均值进行比较。若对应字段取值小于均值,权值取 0;否则取 1。RFMClass 为

binaryRFMClass 根据其二进制取值转换成的十进制取值。

根据 RFM 模型,将客户分为 8 种类型,对不同类型的客户应采取不同的营销策略。对于高价值客户(011),可为其提供 VIP 服务和个性化服务加以奖励,他们可以成为新产品的早期使用者,有助于品牌的提升;对于重点保持客户(111),可以向他们发送个性化的活动以重新建立消费连接,并提供续订和赠品鼓励其再次购买;对于重点发展客户(001),应提供会员计划、忠诚度计划,或推荐相关产品以实现销售增长并帮助他们成为品牌的忠实拥护者和高价值客户;对于重点挽留客户(101),需适当进行挽留营销,通过相关的促销活动或续订服务挽回他们,再进行调查以找出问题所在,避免其转向竞争对手;对一般价值客户(010),可以考虑提供产品优惠以吸引他们;对一般保持客户(110),可提供积分制及各种优惠、打折服务,改变宣传方向和策略,与他们重新联系;对一般发展客户(000),可提供免费试用以提高客户兴趣,提升其对品牌的满意度;对潜在客户(100),可以对其减少营销和服务预算,待机会合适时再开发其市场或直接选择放弃。

▶ 拓展实训

客户分类

【实训目的】

巩固 RFM 模型分析客户价值的原理;通过教师讲解与实践操作,学生逐渐熟悉客户管理的实践内容,能利用 RFM 模型进行客户价值分析与客户精准营销。

【思考与练习】

1.客户最近一次消费间隔、消费频次、消费金额这 3 组数值在设置 RFM 参数时有何意义?

2.使用 RFM 分析法,找出某商家的高价值客户,并针对这部分客户相应地设计营销活动。

Chapter 5

第五章

基于回归分析法的某地区房价预测

▶ 章节目标

1. 了解大数据在房产价格预算中的应用。
2. 了解回归分析法的基本概念和应用。
3. 掌握利用回归分析法预测某地区房价趋势的操作方法。

▶ 学习重点、难点

【学习重点】

1. 大数据背景下房价周期的预测。
2. 回归分析法的应用。

【学习难点】

1. 回归分析法模型的构建。
2. 预测结果的分析。

▶ 本章思维导图

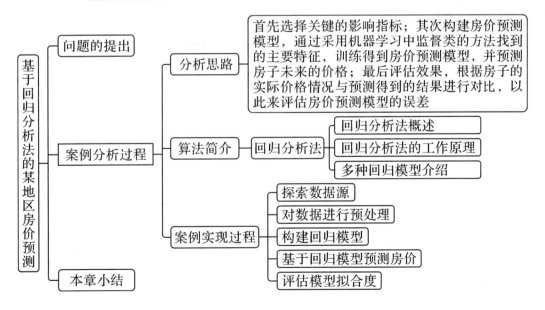

影响房价的因素有很多种,其波动在本质上受市场上供求关系变化的影响,但也受到国家政策、城市发展等宏观环境的影响。从需求的角度而言,人口数量的增长、收入水平的提高、城市化率的大幅提升等都将在一定程度上推动房价的上涨;从供给的角度而言,房价主要受到土地价格、建造成本、住宅开发投资额、土地购置面积和住宅竣工面积的影响。以北京为例,影响北京不同地段房价的因素,除了该地区的经济发展水平和人均收入水平外,还有其他非经济性因素,如学区房的数量、附近重点中小学数量、离地铁口的远近及与商贸中心的距离等。此外,地区的环境、气候、空气质量也会影响购房者的买房需求和心理价位。因此,在研究房价影响因素时,多方面、全方位地分析各类影响因素很有必要。然而,国内住房信息的匮乏,尤其是相关环境指标数据的缺乏,使得国内的房价影响因素研究往往不够全面。国外学者在房价影响因素方面做了一些有益的尝试。1978 年,D. 哈里森和 D. L. 鲁宾菲尔德教授使用 20 世纪 70 年代波士顿地区的房价来衡量不同地区居民为了新鲜空气愿意付出的代价。他们收集了波士顿不同地区的 506 个不同家庭的住房信息,包括住房价格中位数、该地区的二氧化碳浓度、师生比例、与市中心的距离及不同地区犯罪率等 14 项可能影响房价的因素指标。后来有学者对这些数据进行了更新和持续的数据审核,使得该数据具有一定的典型性和权威性。因此,使用回归分析法来研究波士顿地区不同社区的房价影响因素,尤其是非经济性影响因素是可行的。这对于研究我国不同地区房价的影响因素有一定的借鉴意义。

第一节　回归分析法介绍

一、回归分析法概述

回归分析法是指利用数据统计原理,对大量统计数据进行数学处理,并确定因变量与某些自变量的相关关系,建立一个相关性较好的回归方程(函数表达式)并加以外推,用于预测今后因变量变化的分析方法。根据因变量和自变量的个数可分为一元回归分析和多元回归分析;根据因变量和自变量的函数表达式是线性还是非线性的可分为线性回归分析和非线性回归分析。回归分析法主要解决的问题有两类:一是要确定变量之间是否存在相关关系,若存在,则找出数学表达式;二是要根据一个或几个变量的值,预测或控制另一个或几个变量的值,且要估计这种控制或预测可以达到何种精确度。

二、回归分析法的工作原理

(一)根据预测目标,确定自变量和因变量

明确预测的具体目标,也就确定了因变量。如预测具体目标是下一年度的销售量,那么销售量 Y 就是因变量。通过市场调查和查阅资料,寻找与预测目标相关的影响因素,即自变量,再从中选出主要的影响因素。

(二)建立回归预测模型

依据自变量和因变量的历史统计资料进行计算,在此基础上建立回归分析方程,即回

归分析预测模型。

(三)进行相关分析

回归分析是对具有因果关系的影响因素(自变量)和预测对象(因变量)所进行的数理统计分析处理。只有当自变量与因变量确实存在某种关系时,建立的回归方程才有意义。因此,作为自变量的因素与作为因变量的预测对象是否有关、相关程度如何,以及判断这种相关程度的把握性有多大,就成为进行回归分析必须解决的问题。进行相关分析,一般要求出相关关系,以相关系数的大小来判断自变量和因变量的相关程度。

(四)检验回归预测模型,计算预测误差

回归预测模型是否可用于实际预测,取决于对回归预测模型的检验和对预测误差的计算。回归方程只有通过各种检验,且预测误差较小,才能将回归方程作为预测模型进行预测。

(五)计算并确定预测值

利用回归预测模型计算预测值,并对预测值进行综合分析,确定最后的预测值。

三、多种回归模型介绍

(一)线性回归模型

实际上,线性回归模型和方差分析模型是完全等价的,只是其对应的自变量为连续变量。通过扩展(将分类变量转化为哑变量组),该模型框架也可以处理含有分类自变量的情形。

所谓线性回归,指的是所有自变量对因变量的影响均呈线性关系,假设希望预测因变量 y 的取值,各影响因素为自变量 $x_1, x_2, \cdots, x_n$,则自变量和因变量间存在如下关系

$$y = a + b_1 x_1 + b_2 x_2 + \cdots + b_n x_n$$

上式表述的是 y 的估计值,如果希望用该公式精确地表示每一个个体的测量值,则假设在相应的自变量取值组合下,相应的个体因变量实测值围绕平均水平在上下波动,即 y_i 可表示为

$$y_i = y + e_i = a + b_1 x_{1i} + b_2 x_{2i} + \cdots + b_n x_{ni} + e_i$$

其中, e_i 为随机误差,被假定为服从均值为 0 的正态分布。即对每一个个体而言,在知道了所有自变量的取值后,我们只能确定因变量的平均取值,个体的具体取值在其附近范围内。

(二)线性回归的衍生模型

线性回归模型有自身的使用条件,比如线性关联、残差正态性等。但是实际数据往往不会很好地满足以上假定,此时可以使用一些衍生模型来对数据进行更好的拟合。

1.曲线直线化

在线性回归中,各自变量和因变量之间均应呈线性关联趋势。当该条件被违反时则必须采取相应的处理措施,其中最简单和常用的方法就是曲线直线化,其基本原理是将变量进行变换,从而将曲线方程化为直线回归方程进行分析。

2.加权最小二乘法处理方差不齐

标准的线性回归模型假设研究的整体方差是恒定的,即因变量的变异不随自身预测值或其他自变量值的变化而变动。在有的研究问题中,这一假设可能被违反,因变量的变异会明显地随着某些指标的改变而改变,此时如果能够找到一些可供预测变异大小的指标,就能够根据变异大小对相应数据给予不同的权重,从而提高模型的精度,达到更好的预测效果。

3.岭回归方法处理多重共线性

共线性指的是各自变量间存在强相关关系,并因此影响到回归模型的参数估计。除对自变量进行主成分分析来解决共线性外,岭回归是一种专门用于共线性数据分析的有偏估计回归方法,它实际上是一种改良的最小二乘法,通过放弃最小二乘的无偏性,以损失部分信息、降低精度为代价来寻求效果稍差但回归系数更符合实际的回归方程。故岭回归所得剩余标准差比最小二乘回归大,但它对病态数据的耐受性就远远强于最小二乘法。

4.最优尺度回归优化分类自变量建模

线性回归模型要求因变量为数值型,但现实问题中大量的数据为分类资料,虽然统计学上标准的做法是采用哑变量(dummy variable)进行拟合,然后根据分析结果考虑对结果进行化简,但是哑变量分析的操作比较麻烦且要求分析者具备较好的统计知识,而最优尺度变换专门用于解决统计建模时量化分类变量的问题。它的基本思路是基于希望拟合的模型框架,为原始分类变量的每一个类别找到最佳的量化评分,随后在模型中使用量化评分代替原始变量进行后续分析。

(三)路径分析与结构方程模型

多重线性回归只是基于一个方程建立模型,反映的是自变量与因变量之间的直接作用,不能反映因素间的间接关系。但是,变量间的关系往往错综复杂,采用一个简单的多元回归方程有可能无法正确反映这种错综复杂的关系。路径分析是多重线性回归模型的扩展,它的主要特征是根据专业知识假设模型中各变量的具体联系方式,这种联系一般会被绘制为一张路径分析图。随后按照相应的因变量分别拟合各自的多重线性回归方程。也就是说,路径分析模型是由一组线性方程所构成的,它描述的变量间的相互关系不仅包括直接的,还包括间接的和全部的关联。

与路径分析有一定联系,但功能更为强大的是结构方程模型。结构方程模型是一种建立、估计和检验因果关系模型的方法。模型中既包含可观测的显变量,也可能包含无法直接观测的潜变量。结构方程模型可以替代多重回归、通径分析、因子分析、协方差分析等方法,清晰分析单项指标对总体的作用和单项指标间的相互关系。简单地说,与传统的回归分析不同,结构方程分析能同时处理多个因变量,比较及评价不同的理论模型,并检验数据的吻合程度。

(四)非线性回归模型

线性回归模型及其衍生模型可满足大多数分析的需求,但是不适用于无显式表达式的方程或者更为特殊的一些拟合方法。非线性回归是针对这些复杂问题而提出的一个通用模型框架,它采用迭代方法对用户设置的各种复杂曲线模型进行拟合,同时将残差的定

义从最小二乘法向外扩展,为用户提供极为强大的分析能力。非线性回归模型一般可表示为如下形式

$$y_i = y + e_i = f(x,\theta) + e_i$$

其中,$f(x,\theta)$为期望函数,该模型的结构和线性回归模型非常相似,不同的是期望函数$f(x,\theta)$可能为任意形式,有的情况下甚至可以没有显式表达式。

由于期望函数并非直线,因此非线性回归模型可能无法直接计算出最小二乘估计的参数值,一般采用高斯—牛顿法进行参数估计。这一方法是对期望函数做泰勒级数展开,以达到线性近似的目的,并反复迭代求解。

(五)Logistic 回归模型

Logistic 回归模型的基本架构直接来自多重线性回归模型。在实际工作中,经常会遇到因变量为分类变量的情况,如发病与否、死亡与否等,需要研究该分类变量与一组自变量之间的关系。此时,若对分类变量直接拟合回归模型,则实质上拟合的是因变量某个类别的发生概率,参照线性回归模型的架构,可以很自然地写出下面形式的回归模型

$$p = a + \beta_1 x_1 + \cdots + \beta_m x_m$$

该模型可以描述当各自变量变化时,因变量的发生概率会怎样变化,可以满足分析的基本需要。但是会出现预测概率值超出 $0 \sim 1$ 有效区间,以及残差不服从二项分布等问题,为此,大卫·考克斯引入了 logit 变换,成功地解决了上述问题。所谓 logit 变换,就是 $\mathrm{logit}P = \ln(P/(1-P))$,通过变换,$\mathrm{logit}P$ 的取值范围被扩展为以 0 为对称点的整个实数区间 $(-\infty, +\infty)$,使得在任何自变量取值下,对 P 值的预测均有实际意义。相应地,包含 P 个自变量的 Logistic 回归模型如下

$$\mathrm{logit}(P) = \beta_0 + \beta_1 x_1 + \cdots + \beta_{px}$$

第二节　问题的提出

一、问题设计

房屋作为人们生活中的重要组成部分,是人们生活质量的重要指标之一。买房已成为人们谈论较多的话题。如果买家能够对房价进行预测,那么就知道在什么时机、什么地点、以何种价格入手最为划算。目前,房价预测的作用主要体现在两个方面:一是选择合适的数学模型来预测房价走向,用以评估房价的变化;二是寻找引起房价变化的原因,国家可借此来帮助市场协调房价变化,买家可以根据预测结果来判断入手时机。本章主要分析第一个问题,即选择合适的数学模型来帮助预测房价。接下来将从波士顿的房价数据着手,以该市房屋的相关属性作为特征来筛选重要信息,并且将这些信息做适当处理,最终用以预测该市的其他房屋价格。

二、解决思路

房价预测模型利用科学的方法分析出影响房价的因素,不仅有利于普通百姓更直观

地根据市场、政策环境的变化分析房地产价格的变化,也有利于政府部门合理地对房地产市场进行调控,使房价更合理、房地产市场的发展更稳健,从而解决民生问题,使人民安居乐业。

房价预测模型主要根据以往的销售情况(销售价格)、房屋的位置信息、房龄、人口数,以及平均房间数、平均卧室数、平均占地面积等情况构建,利用房价预测模型可分析出影响房价的主要指标,也可对未来房屋价格情况进行预测,对房地产投资者或者政府制定相关政策措施具有一定的参考价值。本案例分析思路主要包括以下3点。

第一,选择关键的影响指标。从以往的销售情况(销售价格)、房屋的位置信息、房龄、人口数,以及平均房间数、平均卧室数、平均占地面积等影响特征中选择关键的特征因子。

第二,房价预测模型的构建。采用机器学习中监督类的方法,如线性回归的方法,根据前一步寻找到的主要特征,训练得到房价预测模型,用于预测房屋未来的价格。

第三,效果评估。根据房屋的实际价格情况与预测得到的结果,评估房价预测模型的误差。

第三节　基于回归分析法进行某地区房价预测

一、探索数据源

新建实验,保存后从左边数据源中拖拽"示例数据源"到中间"画布区",并在右边参数区数据源选择中选择"波士顿房价预测",如图 5-1 所示。

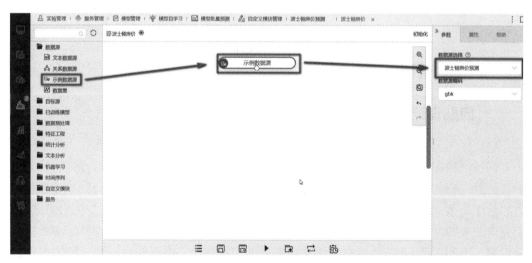

图 5-1　选择示例数据源

执行操作后,在"示例数据源"节点用鼠标单击右键,选择"查看输出",如图 5-2 所示,即可查看本数据源详细数据,如图 5-3 所示。

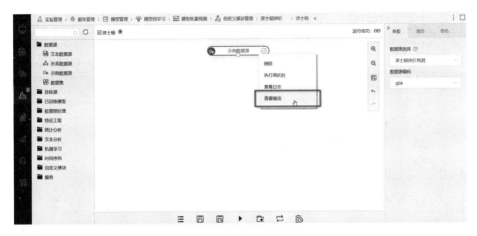

图 5-2 查看输出

# 房价中位数值	# 收入中位数	# 街区房龄	# 街区平均房间数	# 街区平均卧室数	# 街区人口数	# 5
4.526	8.3252	41	6.984126984	1.023809524	583	2
3.585	8.3014	21	6.238137083	0.971880492	494	2
3.521	7.2574	52	8.288135593	1.073446328	506	2
3.413	5.6431	52	5.817351598	1.073059361	674	2
3.422	3.8462	52	6.281853282	1.081081081	438	2
2.697	4.0368	52	4.761658031	1.103626943	567	2
2.992	3.6591	52	4.931906615	0.951361868	619	2
2.414	3.12	52	4.797527048	1.061823802	578	1
2.267	2.0804	42	4.294117647	1.117647059	742	2
2.611	3.6912	52	4.970588235	0.990196078	1080	2
2.815	3.2031	52	5.47761194	1.07960199	745	2

图 5-3 查看详细数据

二、对数据进行预处理

在建立算法模型之前我们可以先辅助性地查看一下几个字段的相关性,这里我们会用到"统计分析"里的"相关性分析",如图 5-4 所示。

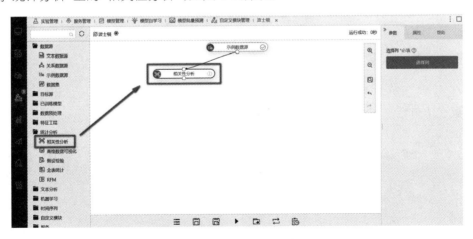

图 5-4 添加"相关性分析"节点

点击参数区的"选择列",将除纬度、经度之外的字段都选到右边,如图 5-5 所示。

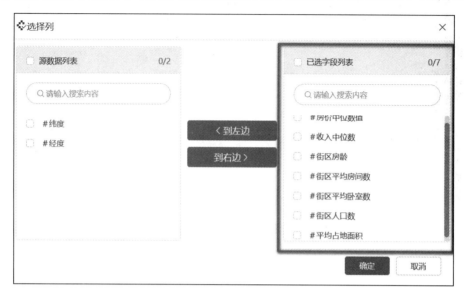

图 5-5　选择列

点击鼠标右键的"相关性分析"节点查看分析结果,如图 5-6 所示。

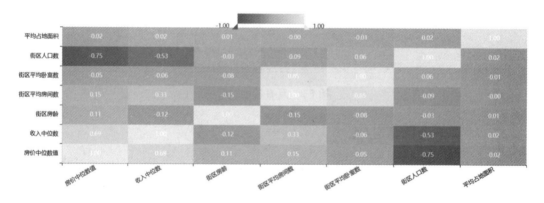

图 5-6　查看相关性分析结果

三、构建回归模型

我们找到"房价中位数值"列,根据相关性分析结果,找到相关的字段。正数表示正相关,负数表示负相关,0 则表示不相关,如图 5-7 所示。

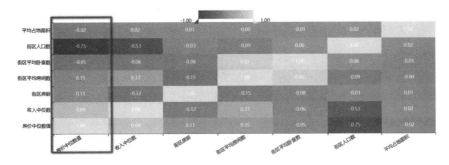

图 5-7 查看"房价中位数值"列

用相关性比较高的字段进行预测,这里我们拖拽"特征工程"中的"特征选择"到画布区,如图 5-8 所示。

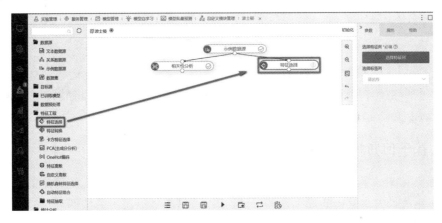

图 5-8 添加"特征选择"节点

本案例我们将"房价中位数值"作为回归预测标签列,再选择前面相关性较高的几个字段到字段列表,如图 5-9 所示。

图 5-9 选择特征列和标签列

接下来我们进行算法的选择,在左侧选择"机器学习"—"回归算法"中的"线性回归"节点,如图 5-10 所示。

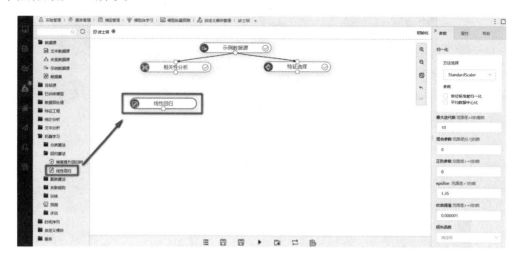

图 5-10　添加"线性回归"节点

这里的参数配置我们一般采用系统默认的即可,不过大家可以将最大迭代数自行调高一些,如设置成 40、50 等。

四、基于回归模型预测房价

训练集和测试集是数据挖掘中非常重要的一个概念,也是区别于统计学的一个概念。统计学是用统计方法来检验模型性能,而数据挖掘是将数据源拆分成两部分:一部分用来建立模型(这一部分数据被称为训练集);另一部分在模型建立后代回模型中进行测试,看模型的准确率有多高(这一部分数据被称为测试集)。

算法节点要进行训练和验证,首先需对数据加以拆分,将其拆分成训练集和测试集。拆分后进行线性回归算法训练,模型算法训练好后再进行校验。在"数据预处理"中拖拽"拆分"节点,如图 5-11 所示。

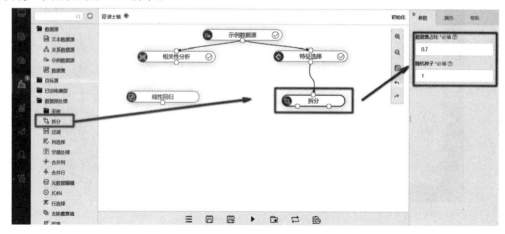

图 5-11　添加"拆分"节点

选择"机器学习"中的"训练"节点,训练方法是线性回归,同时引入测试集对训练结果进行预测,如图 5-12 所示。

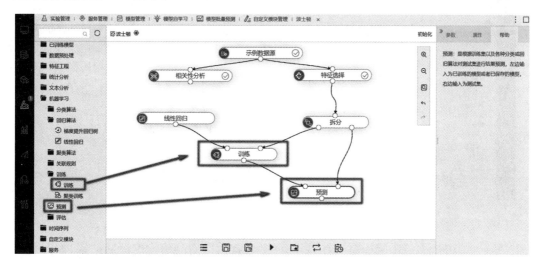

图 5-12　模型训练和预测

注意:线性回归是一种常用的回归方法,它是利用数理统计中的回归分析来确定两种或两种以上变量间相互依赖的定量关系的一种统计方法,通过凸优化的方法进行求解。

预测是根据训练集及各种分类或回归算法对测试集进行结果预测,左边输入的是已训练的模型或者已保存的模型,右边输入的是测试集。

执行成功之后,点击鼠标右键查看分析结果,如图 5-13 所示。

⟳当前显示 100 条/总共有 6296 条数据　提示:点击单元格可查看超出的内容		×
Aₐ features	Aₐ featuresNormalized	# prediction
19.0,5.869565217,1.260869565,3287.0,3.739130435]	[6.1183,49.0,5.869565217,1.260869565,3287.0,3.739130435]	2.065549222738783
26.0,6.047244094,1.196850394,2292.0,3.086614173]	[1.7719,26.0,6.047244094,1.196850394,2292.0,3.086614173]	0.8994331267656033
52.0,4.77992278,1.111969112,2465.0,2.401544402]	[1.5057,52.0,4.77992278,1.111969112,2465.0,2.401544402]	1.1255961579222613
,43.0,4.58968059,1.12039312,2391.0,2.606879607]	[1.5045,43.0,4.58968059,1.12039312,2391.0,2.606879607]	1.0869253361974496
16.0,3.375451264,1.072202166,2585.0,2.101083032]	[0.7286,46.0,3.375451264,1.072202166,2585.0,2.101083032]	0.8758427136763112
,52.0,6.72173913,1.243478261,2599.0,3.27826087]	[2.4083,52.0,6.72173913,1.243478261,2599.0,3.27826087]	1.1863860236782675
[1.2475,52.0,4.075,1.14,2247.0,2.905]	[1.2475,52.0,4.075,1.14,2247.0,2.905]	1.264499207792288
11.0,4.495798319,1.033613445,1772.0,2.663865546]	[2.4038,41.0,4.495798319,1.033613445,1772.0,2.663865546]	1.6713941016508156
18.0,5.737313433,1.220895522,2349.0,3.062686567]	[1.7969,48.0,5.737313433,1.220895522,2349.0,3.062686567]	1.1874068227232084
[1.1667,52.0,3.75,1.0,1898.0,3.267857143]	[1.1667,52.0,3.75,1.0,1898.0,3.267857143]	1.3953859109577411
52.0,3.908045977,1.114942529,2364.0,2.298850575]	[1.5208,52.0,3.908045977,1.114942529,2364.0,2.298850575]	1.292812699222352

注意:表头中 ◆ 表示特征列,* 表示标签列　　　　　　　　　　　　　　　　表头真名 ⬤ 表头别名

图 5-13　预测结果

五、评估模型拟合度

对上述模型进行评估,如图 5-14 所示。

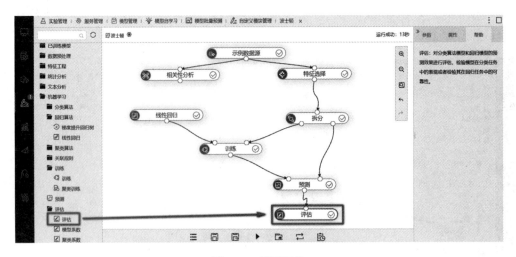

图 5-14　模型评估

执行成功之后,点击鼠标右键查看分析结果,就可以看到模型的评估结果,如图 5-15 所示。

指标	值
rmse(均方根误差)	0.6397641725051378
mse(均方误差)	0.4092981964211837
r2(决定系数)	0.7058652084153827
mae(平均绝对误差)	0.46336413705522345
adjusted r2(校正决定系数)	0.7055845900739122

图 5-15　查看分析结果

评估指标解释如下。

rmse(均方根误差):rmse 越小,模型预测效果越好。

mse(均方误差):mse 越小,模型预测效果越好。

R2(决定系数):考虑预测样本方差的差异情况,取值范围为$(-\infty,1]$。R2 越接近 1 代表模型效果越好;当 R2 为负值时,表明模型预测效果差;当模型预测值接近样本期望值时,R2 接近 0。

mae(平均绝对误差):与 mse 相比,mae 指标可以减少离群点对模型指标的影响,值越小,模型预测效果越好。

adjusted R2(修正 R2):修正 R2 取值范围是[0,1],指标越接近 1,代表模型预测效果越好。

重点可以看修正 R2 的值,其值越高越好,但是在实际业务中是没有固定的标准的,只要是企业能接受都是可以的。

为了更直观地查看模型的拟合情况,我们可以对预测结果做一个散点图,拖拽"统计分析"下的"高维数据可视化"节点到画布区,如图 5-16 所示。

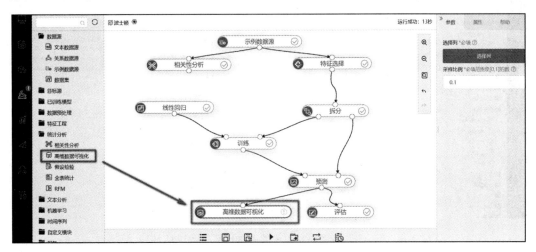

图 5-16　添加"高维数据可视化"节点

此节点是将数据用图形展示(散点图/平行坐标图),实现对数据或结果的可视化分析。

选择列,将"房价中位数值"和"prediction"(预测列)选到右边,如图 5-17 所示。

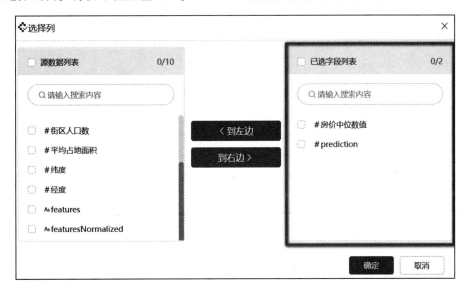

图 5-17　选择列

将采样比例设为 1,如图 5-18 所示。

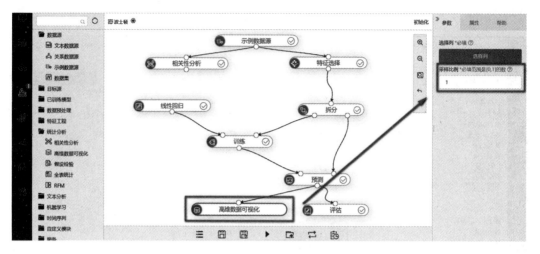

图 5-18　设置采样比例

运行成功之后,点击鼠标右键查看分析结果,如图 5-19 所示,进入作图页面。

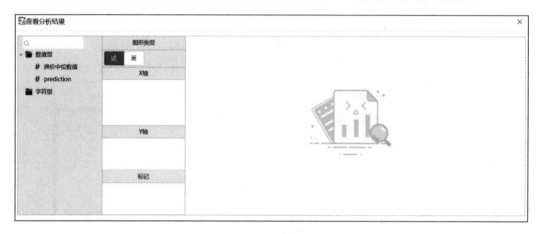

图 5-19　查看分析结果

将"prediction"填入 X 轴,将"房价中位数值"填入 Y 轴,就可以看到散点图了,如图 5-20 所示。

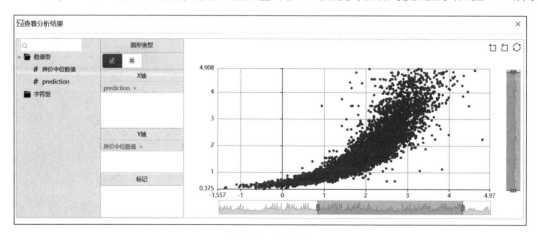

图 5-20　散点图

通过散点图可以观察模型的拟合度。

本章小结

　　建立房价预测模型,可分析出影响房价的主要因素,也可对未来房屋价格情况进行预测,对房地产投资者或者政府制定相关政策措施具有一定的参考价值。为选择合适的数学模型来预测某地区房价,本案例首先从波士顿的房价数据着手,以该市房屋的相关属性作为特征,利用相关性分析找到相关性较高的特征因子;其次,将需要测试的特征因子作为训练集和测试集,用训练集来建立模型,检测模型功能;最后,根据训练集训练得到的回归算法对测试集进行结果预测,并对模型评估结果进行分析。

　　为获得合适的房价预测模型,本案例通过以下具体步骤来实现:①以波士顿的房价数据为例,将其导入"示例数据源",在"示例数据源"节点可选择查看详细数据。②在对数据进行基础探索之后,将除纬度、经度之外的字段进行"相关性分析"。③在"特征选择"中,选择前面相关性比较高的几个字段,另外将"房价中位数值"作为回归预测标签列。④确定相关性较高的特征因子后,选择"线性回归"作为本案例的算法,这里的参数配置一般我们采用系统默认的即可,不过大家可以将最大迭代数自行调高一些,比如设置成40、50等。⑤确认算法后,需要对数据进行拆分,将数据拆分成训练集和测试集。⑥完成预处理后,对训练数据集进行"训练",同时引入测试集对训练结果进行预测,执行成功之后,在"预测"中,查看分析结果。⑦为了更直观地查看模型的拟合情况,我们可以在"高维数据可视化"中对预测结果做一个散点图。首先,选择列,将"房价中位数值"和"prediction"(预测列)选到右边;其次,将采样比例设为1;最后,进入作图页面,将"prediction"填入 X 轴,将"房价中位数值"填入 Y 轴,就可以看到散点图了,通过散点图可以观察模型的拟合度。通过观察散点图可知,该地区的房价依然处在较强的增长状态,没有减弱的趋势。

　　在利用回归分析法预测波士顿房价的操作过程中,发现该预测模型有其优点,但也存在缺点。

　　优点:本模型采用统计规律建立起了表示房价的线性回归模型,模型基于回归分析法判定影响房价的主要因素。模型建立之后进行了修正,得到的结果比较符合实际,方案简洁明了,易于操作,并且建立过程中运用了数据拟合进行评估及预测,使结果精度更高。

　　缺点:该模型仍然存在很多问题,一是影响房地产价格的因素很多,而在建立模型时忽略了一些被认为不是很重要的因素,如房屋的结构、新旧程度、环境因素或国家政策等;二是该模型只对波士顿的房价统计数据进行分析,如果选择多个地区的统计数据进行模型运算,可以使精度更高;三是该模型在建立的过程中考虑了各个因素与房价呈线性关系,但实际上线性不一定是最好的选择,还可以考虑两次、多次等回归关系,模型预测结果的误差会更小。

> ## 拓展实训

某地区房价预测

【实训目的】

巩固回归分析法的原理;通过教师讲解与实践操作,学生能对房价预测的案例进行操作,为房地产投资者或者政府制定相关政策措施提供参考。

【思考与练习】

1.通过学习相关模块,掌握房价预测模型的运用方法。

2.思考回归分析法在大数据时代更广泛的应用。

第六章

基于逻辑回归算法的银行客户流失预测

▶ 章节目标

1. 了解大数据在银行客户管理中的应用。

2. 了解逻辑回归算法的基本概念和应用方法。

3. 掌握利用逻辑回归法算法预测银行客户流失的方法。

▶ 学习重点、难点

【学习重点】

1. 大数据背景下银行客户的管理。

2. 逻辑回归算法的应用。

【学习难点】

1. 逻辑回归算法模型的构建。

2. 根据分析结果提出参考决策建议。

▶ 本章思维导图

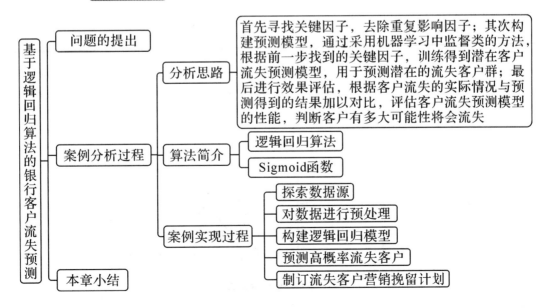

当前,我国银行业已经进入发展的快车道,在银行业务范围扩大、经济体量增加、操作流程愈加规范的同时,内外部竞争压力也日益激烈,银行业的盈利方式决定了优质客群的培育是商业银行在竞争中制胜的关键。然而,随着中国国内市场的饱和,挖掘新客户的成本不断提高,获取新客越来越难。为了在激烈的市场竞争中提高竞争力,深入挖掘客户价值,银行业的研究人员提出了精准营销、高价值客户识别等项目,客户流失预测便是其中的一种。客户流失是指由于价格竞争、渠道改变等问题的出现,客户从一个商家到另一个商家的流动。客户流失会给商家带来巨大的损失,是一个非常棘手的问题。如果可以提前预测出即将要流失的客户,并对其采取精准营销、解决客户问题等关怀、挽留政策,成功留住该客户,那么就能维持公司的利润。由此可见,预测出潜在流失客户对银行而言是至关重要的。

第一节　逻辑回归算法介绍

一、逻辑回归算法简介

在实际生活与工作中,我们可能会遇到以下问题:如何判断某位用户的性别? 如何判断一条评论是正面的还是负面的? 如何预测用户是否会购买某件商品? 如何预测客户是否会对某条网页广告进行点击? 逻辑回归算法可以实现大众的反馈并预测信息。

逻辑回归算法是一种名为"回归"的线性分类器,本质上是由线性回归转化而来的,其主要算法为:根据现有数据对分类边界线建立回归公式(寻找到最佳的拟合直线),以此进行分类。简单来说,它就是利用 Logistic 函数拟合数据来预测某个事件的发生。逻辑回归算法可用于二元及多元分类问题,是分类算法的经典应用。对于二元分类问题,算法会输出一个二元逻辑回归模型;对于多元分类问题,算法会输出一个多维逻辑回归模型。

二、Sigmoid 函数

Logistic 函数回归是研究因变量为二分类或多分类观察结果与影响因素(自变量)之间关系的一种多变量分析方法,属于概率型非线性回归。理解逻辑回归首先需要理解 Sigmoid 函数,函数公式如图 6-1 所示。

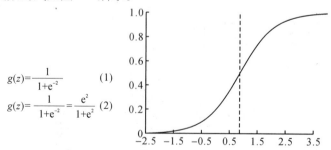

$$g(z)=\frac{1}{1+e^{-z}} \quad (1)$$

$$g(z)=\frac{1}{1+e^{-z}}=\frac{e^{z}}{1+e^{z}} \quad (2)$$

图 6-1　Sigmoid 函数

逻辑回归公式为

$$h_\theta(x) = g(\theta^T x) = \frac{1}{1 + e^{-\theta^T x}}$$

为了将线性回归输出的很大范围的数,如从负无穷到正无穷,压缩至 0～1,以"可能性"或"概率值"的形式更加直观地呈现出来,会针对线性回归的输出结果再采取"激励"措施。即对线性回归的输出进行 Sigmoid 变换。

三、逻辑回归算法在商业活动中的应用

线性回归算法对数据的要求很严格,比如标签必须满足正态分布,特征之间的多重共线性需要消除等,而现实中很多真实情境的数据无法满足这些要求,因此线性回归在很多现实情境中的应用效果有限。逻辑回归算法是由线性回归算法变化而来的,因此它对数据也有一些要求。此外,逻辑回归算法的原理其实并不简单。读者想要理解逻辑回归算法,必须有一定的数学基础,必须理解损失函数、正则化、梯度下降、海森矩阵等复杂的概念,才能够对逻辑回归算法进行调整和优化。在机器学习领域与逻辑回归算法功能相近的模型很多,因此,在数据挖掘、人工智能涉及的医疗、教育、人脸识别、语音识别这些领域,逻辑回归算法不如其他一些模型应用得多,但是逻辑回归算法还是一个受工商业欢迎、使用广泛的模型,因为它有着不可替代的优点,具体如下。

(一)逻辑回归算法对线性关系的拟合效果很好

特征与标签之间线性关系极强的数据,如金融领域中的信用卡欺诈、评分卡制作,电商中的营销预测等相关数据,都非常适用逻辑回归算法。虽然现在有了梯度提升树(gradient boosting decision tree, GDBT),比逻辑回归算法效果更好,也被许多数据咨询公司采用,但逻辑回归算法在金融领域,尤其是银行业中的主导地位依然不可动摇。

(二)逻辑回归算法计算快

对于线性数据,逻辑回归的拟合和计算都非常快,计算效率优于其他很多分类模型,在大型数据上尤其能够看出区别。

(三)逻辑回归算法返回的分类结果不是固定的 0、1,而是以小数形式呈现的类概率数字

因此,可以把逻辑回归算法返回的结果当成连续型数据来利用。比如在评分卡制作时,不仅需要判断客户是否会违约,还需要给出确定的"信用分",而这个信用分的计算就需要使用类概率计算出的对数概率,而其他的分类模型一般可以产出分类结果,却无法帮助计算分数。

(四)逻辑回归算法抗噪能力强

《福布斯》杂志在讨论逻辑回归算法的优点时,甚至有着"从技术上来说,最佳模型的 AUC(area under curve, 曲线下面积)低于 0.8 时,逻辑回归非常明显优于树模型"的说法。

第二节 问题的提出

一、问题设计

客户流失会给银行带来很多不利的影响,比如会产生银行市场份额减少、收入降低等问题。为了提高挽留成功率,降低客户的流失率,减少挽留服务的成本和由于客户流失所带来的收入损失,某银行业务部客户经理要求数据分析员通过建立客户流失预测模型,及时发现有流失可能性的客户,提供最可能流失客户的名单。客户经理准备通过一定的活动及政策,挽留有流失征兆的客户,把损失降到最低。对客户经理而言,在挽留客户的过程中,了解客户出现流失征兆的原因,及时优化服务,满足客户个性化需求,可降低其他客户流失的风险。

二、解决思路

针对银行遇到的问题,我们需要建立客户流失预测模型来加以防范,具体实施步骤大致如下。

第一,寻找关键因子,去除重复影响因子。通过研究客户的历史交易记录、客户的个人信息情况、客户的历史业务情况、客户性格及行为特征等方面的信息,寻找影响用户流失的因素,并去除重复的影响因子。

第二,构建预测模型。采用机器学习中监督类的方法,如逻辑回归算法等,基于前一步寻找到的关键因子,训练得到潜在的客户流失的预测模型,用于预测潜在的流失客户群。

第三,效果评估。根据客户实际的情况与预测得到的结果,评估客户流失预测模型的性能,判断客户有多大可能性将会流失。

第三节 基于逻辑回归算法进行银行客户流失预测

一、探索数据源

现有某银行客户数据,其平台显示内容如图6-2所示,表格中包含了"客户id""年龄""卡龄""是否代发客户"等18个字段,共100000条记录。根据分析思路,其平台整体实现流程如图6-3所示。

As 客户id	# 年龄	# 卡龄	# 是否代发客户	# 月均代发金额	# 最多代发金额
183826d7-2d3e-4854-8748-97856b3c3eb5	44	5	1	1471	3389
7937c18c-0288-4981-89c2-e49e2b658e52	55	4	0	0	0
6223accb-1ca0-4cad-bb7f-b4a4b4e29568	59	19	1	4810	5951
0fbe3b10-4fc9-4475-a7b2-2757d55006c1	19	0	0	0	0
271648c5-9e76-4a7d-bc1d-f250cbc51809	45	14	1	54032	122441
d33f98b2-8170-460b-b3ba-d972120a4241	58	11	1	31115	233516
a1abace9-51d3-43ab-8fad-f6627217484b	52	0	0	0	0
2430b84d-0bb2-4e9a-8a3d-848d4f59a164	12	0	0	0	0
6e8921f1-9fb5-40a5-a22d-c620aee9cde1	41	8	0	0	0
ae2f0c38-4ad2-4002-ab91-7000a53f730f	68	6	0	0	0
492e3688-6003-4ce2-810f-5b9774d6a7be	23	9	1	84936	274059

当前显示 100 条 / 总共有 100000 条数据　提示:点击单元格可查看超出的内容

注意: 表头中◇表示特征列,*表示标签列　　　　表头真名 ⬤ 表头别名

图 6-2　详细数据

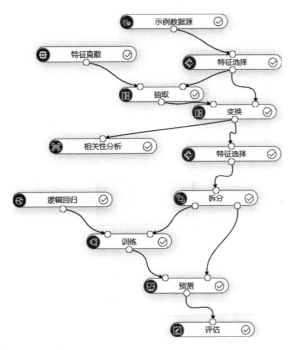

图 6-3　整体实现流程

二、对数据进行预处理

在实际情况中,对不同年龄段的客户进行预测的结果会有所不同。大多较为年轻的客户都有正式的工作,这类客户具有稳定的经济来源,而 50 岁及 50 岁以上的客户的经济状况不太稳定。年龄差异过大,数据预测结果的差距明显,除了用户年龄,其他相关字段的差距也会影响预测结果,如卡龄、月均代发金额、最多代发金额、月均 AUM(asset under management,资产管理)、月初 AUM 这几个指标。

为了提前减少其他因素对预测效果的影响,需要根据数据缩小范围,所以有必要进行

特征离散处理,特征离散的作用是将连续的数据进行等距离散化。例如,为去除年龄差带来的影响,可以将年龄整合为多个阶段,设定每10岁为一个阶段。其特征离散功能在平台中实现的流程如图6-4所示。

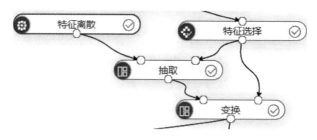

图 6-4　特征离散流程

　　首先要在"特征选择"节点选择进行特征离散处理的相关指标,如图6-5所示,再运用特征离散功能进行数据变换,而特征离散的节点设置如图6-6所示,处理后的数据如6-7所示。

图 6-5　特征选择

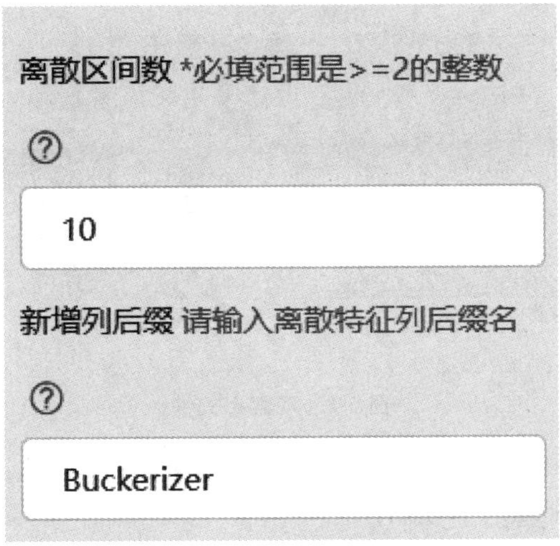

离散区间数 *必填范围是>=2的整数

⑦

10

新增列后缀 请输入离散特征列后缀名

⑦

Buckerizer

图 6-6　特征离散节点设置

# 年龄Buckerizer	# 卡等级Buckerizer	# 月均代发金额Buckerizer	# 最多代发金额Buckerizer	# 月均AUMBuckerizer	# 月初AUMBuckerizer
1	1	1	1	1	0
5	6	4	4	1	1
8	1	4	1	4	2
7	1	1	1	5	1
0	1	1	1	1	1
5	4	1	1	9	9
9	3	1	1	6	6
2	1	1	1	0	0
0	1	1	1	3	4
2	4	1	1	0	0
5	2	1	1	5	5
9	1	1	1	4	4
0	1	1	1	5	2
4	5	4	4	2	1
6	1	1	1	7	7
8	1	1	1	6	6
9	4	1	1	4	4
9	3	1	1	5	5

图 6-7　特征离散输出结果

三、构建逻辑回归模型

在建立模型之前可以先辅助性地查看一下各指标的相关性。最终的目的是通过分析结果判断用户是否流失,所以需要重点观察其他字段与"是否流失"字段的相关性,如图 6-8所示。

在相关性判断中,正数表示正相关,负数表示负相关,越接近 1 相关性越高,0 则表示不相关。

根据相关性观察得出,与"是否流失"字段具有相关性的字段有"是否代发客户""月初AUMBuckerizer""月均 AUMBuckerizer""最多代发金额 Buckerizer""月均代发金额Buckerizer""卡等级"这 6 个字段。

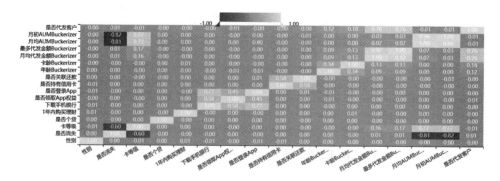

图 6-8　观察相关性

由于判断是否为流失客户的本质是一个分类问题,所以可以运用平台中的逻辑回归节点建立模型,其主要流程如图 6-9 所示。

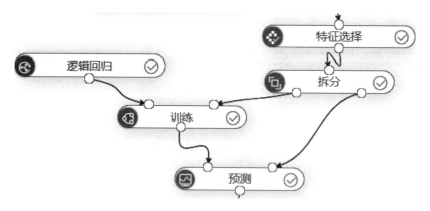

图 6-9　模型建立流程

建立模型首先要进行特征列与标签列的选择,而本案例的最终目的是通过相关指标预测客户预流失情况。所以在进行"特征选择"设置时,需要将具有相关性的字段作为特征列,将是否流失相关字段作为标签列,设置细节如图 6-10 所示。

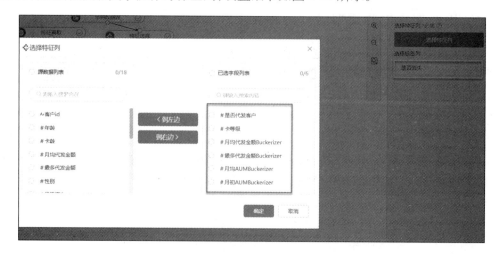

图 6-10　特征选择

四、预测高概率流失客户

特征设置完成后需要对数据集进行拆分。数据拆分是将原始样本集按照训练集和测试集的方式拆分为 2 个子集，拆分后各个子集的总和等于或小于 100%。拆分后的数据集都含有特征列与标签列。其中训练集用于模型的训练和建立，而测试集则是通过已训练完成的模型进行预测得出结果，该结果可与测试集原本的标签列进行对比得出模型准确率。

所以在进行节点设置时，“拆分”节点的第一个出口(训练集)需要连接“训练”节点，第二个出口(测试集)需要连接“预测”节点的第二个入口。此外，“训练”节点还需连接相关算法，即“逻辑回归”算法节点。运用算法进行训练后，此时“训练”节点是已经建立完成的模型，需要连接“预测”节点的第一个入口，对测试集进行预测。

运行后，用鼠标右击“预测”节点查看运行结果，新增的“prediction”列是模型根据预测集特征列所得出的预测结果，如图 6-11 所示。

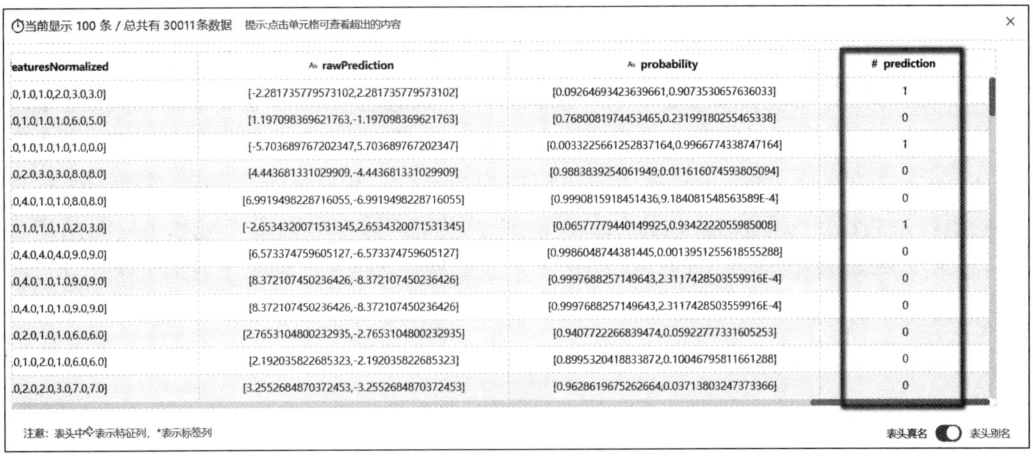

当前显示 100 条 / 总共有 30011条数据　提示:点击单元格可查看超出的内容

eaturesNormalized	rawPrediction	probability	# prediction
.0,1.0,1.0,2.0,3.0,3.0]	[-2.281735779573102,2.281735779573102]	[0.09264693423639661,0.9073530657636033]	1
.0,1.0,1.0,1.0,6.0,5.0]	[1.197098369621763,-1.197098369621763]	[0.7680081974453465,0.2319918025546533 8]	0
.0,1.0,1.0,1.0,1.0,0.0]	[-5.703689767202347,5.703689767202347]	[0.0033225661252837164,0.9966774338747164]	1
.0,2.0,3.0,3.0,8.0,8.0]	[4.443681331029909,-4.443681331029909]	[0.9883839254061949,0.011616074593805094]	0
.0,4.0,1.0,1.0,8.0,8.0]	[6.9919498228716055,-6.9919498228716055]	[0.9990815918451436,9.184081548563589E-4]	0
.0,1.0,1.0,1.0,2.0,3.0]	[-2.6534320071531345,2.6534320071531345]	[0.0657777944014992 5,0.9342222055985008]	1
.0,4.0,4.0,4.0,9.0,9.0]	[6.573374759605127,-6.573374759605127]	[0.9986048744381445,0.0013951255618555288]	0
.0,4.0,1.0,1.0,9.0,9.0]	[8.372107450236426,-8.372107450236426]	[0.9997688257149643,2.3117428503559916E-4]	0
.0,4.0,1.0,1.0,9.0,9.0]	[8.372107450236426,-8.372107450236426]	[0.9997688257149643,2.3117428503559916E-4]	0
.0,2.0,1.0,1.0,6.0,6.0]	[2.7653104800232935,-2.7653104800232935]	[0.9407722266839474,0.05922777331605253]	0
.0,1.0,2.0,1.0,6.0,6.0]	[2.192035822685323,-2.192035822685323]	[0.8995320418833872,0.10046795811661288]	0
.0,2.0,2.0,3.0,7.0,7.0]	[3.2552684870372453,-3.2552684870372453]	[0.9628619675262664,0.03713803247373366]	0

注意：表头中◇表示特征列，*表示标签列　　表头真名　表头别名

图 6-11　查看预测结果

五、制订流失客户营销挽留计划

最后在“预测”节点后连接“评估”节点即可对上述模型进行评估，运行后可查看分析结果，如图 6-12 所示。

从混淆矩阵可以看出，第二行第二列中的 13799 表示有 13799 个实际归属 0 的实例被预测为 0。同理，第二行第三列的 1150 表示有 1150 个实际归属为 0 的实例被错误预测为 1，共 1845 个结果预测错误。

☑查看分析结果　　　　　　　　　　　　　　　　　　　　　　　×

指标	值		
	真实|预测	0	1
confusion matrix(混淆矩阵)	0	13799	1150
	1	695	14367
accuracy(准确率)	0.9385225417346973		
roc曲线	查看ROC曲线		
auc	0.9692276783599533		
ks	查看KS曲线		
weighted precision(加权精确率)	0.9389191773490879		
weighted recall(加权召回率)	0.9385225417346973		

图 6-12　评估结果

此外,还可以查看模型的 ROC(the receiver operating characteristic curve,受试者操作特征曲线),如图 6-13 所示。ROC 曲线图是反映敏感性与特异性之间关系的曲线。横坐标(X 轴)为特异性,也称为假阳性率(误报),X 轴数值越接近 0,准确率越高;纵坐标(Y 轴)为坐标敏感度,也称为真阳性率(Y 轴数值越大,敏感度越高)。根据曲线位置,把整个图可以划分成两部分,曲线下方部分的面积被称为 AUC,用来表示预测准确性,AUC 值越高,也就是曲线下方面积越大,说明预测准确率越高。另外可以重点观察 F1(对精确率和召回率综合考评的结果),F1 的值大于 0.8 则模型较为良好,如果不满意预测结果,可以通过改变模型参数等,不断调整优化。

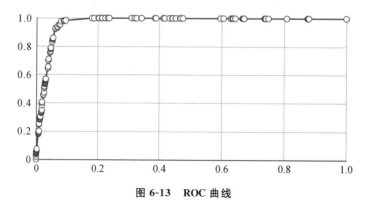

图 6-13　ROC 曲线

本章小结

建立客户流失预测模型可分析出影响用户流失的因素,也可对未来潜在的流失客户群进行预测,为银行客户主管部门制定政策提供一定的参考。为选择合适的预测模型来预测客户流失的情况,本案例首先从某银行客户数据着手,以客户的相关信息作为特征,寻找影响用户流失的因素;其次,基于前一步寻找到的关键因子,训练得到潜在的流失客户的预测模型,用于预测潜在的流失客户群;最后,将客户实际的流失情况与预测得到的结果加以对比,评估客户流失预测模型的性能,判断客户有多大可能性将会流失。

为获得合适的客户流失预测模型,本案例通过以下具体步骤来实现:①以某银行客户数据为例,选取了"客户 id""年龄""卡龄""是否代发客户"等 18 个字段,共 100000 条记录,将其导入"示例数据源",在"示例数据源"节点可选择查看详细数据。②在对数据进行基础探索之后,为了提前减少个体差异对预测效果的影响,需要进行特征离散处理,即将"年龄""卡龄""月均代发金额"等相关指标运用特征离散功能进行数据变换。在特征离散节点设置中,将离散区间数设置为 10,新增列后缀为 Buckerizer,运行后可得经处理后的数据。③将处理后的数据与"是否流失"字段进行相关性分析。④在"特征选择"中,将具有相关性的字段作为特征列,将"是否流失"字段作为标签列。⑤完成特征列与标签列的选择后,选择"逻辑回归"作为本案例的算法。⑥确认算法后,需要对数据进行拆分,将数据拆分成训练集和测试集。⑦完成预处理后,对训练数据集进行"训练",同时引入测试集对训练结果进行预测,执行成功之后,在"预测"中查看分析结果。⑧获得结果后,根据混淆矩阵和模型的 ROC 曲线评估模型的拟合情况,拟合结果说明模型拟合较为良好。

在利用逻辑回归算法预测银行客户流失情况的操作过程中发现,该预测模型存在优点,但也不乏缺点。

优点一:本模型根据统计学原理建立起了表示银行客户流失的多变量线性回归模型,模型基于相关分析法判定影响银行客户流失的主要因素,模型建立之后进行了修正,得到的结果比较符合实际,方案简洁明了,易于操作,并且建立过程中运用了数据拟合进行评估及预测,使结果精度更高。优点二:该模型建立的过程中考虑了多个影响因素,并利用特征离散处理提前减少个体差异对预测效果的影响,模型所建立的误差大大减少。

缺点:该模型只选用了一家银行的统计数据进行分析,如果选择多家银行的统计数据进行模型运算,可以使精确度更高。

▶ **拓展实训**

客户流失分类算法分析

【实训目的】

巩固分类算法原理;通过教师讲解与实践操作,学生逐渐熟悉思睿智训数据挖掘模块中的分类算法规则,能利用其进行客户流失的预测。

【思考与练习】

1.了解分类模型的理论知识、适用场景及相关参数说明。

2.使用分类算法,掌握银行存款预测的案例操作,理解模型含义。

Chapter 7

第七章

基于决策树算法的客户营销活动响应预测

▶ 章节目标

1.了解大数据在客户营销活动中的应用。

2.了解决策树算法的基本概念和应用。

3.掌握利用决策树算法预测客户对营销活动的响应情况。

▶ 学习重点、难点

【学习重点】

1.大数据背景下的客户营销管理。

2.决策树算法的应用。

【学习难点】

1.决策树算法模型的构建。

2.制定营销决策。

▶ 本章思维导图

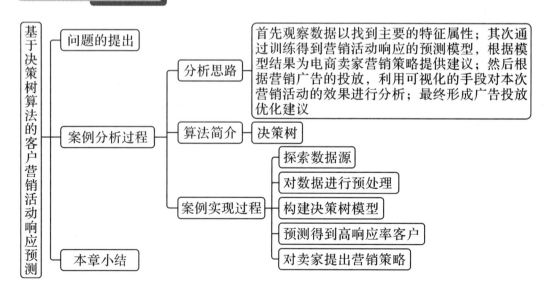

销售促进是一种短期促销工具。广告等为消费者了解某个品牌、产品或服务提供了信息渠道，而销售促进则是为消费者的购买行为提供了必要的激励。消费者喜欢某一产品但未必会立刻购买，而短期的销售促进手段则会使消费者产生购买的冲动。销售促进的具体手段有很多，常见的主要有以下几种：样品、折价券、现金返还、买赠、满减、抽奖等。这些手段往往都能给消费者带来附加价值，从而激励消费者的购买行为。然而，附加价值对消费者的激励作用是边际递减的。当附加价值达到某一水平后，附加价值的增加便不能带来销售利润的增长了。

在传统营销中，销售促进的工具往往是根据企业以往经验及竞争对手水平来确定的，即使有些企业会调研消费者对不同促销手段的反应，但结果也只是事后才能获得，并不能准确预测当下的活动，仅能为以后的销售促进活动提供参考。在大数据背景下，企业可以通过对比消费者以往的购买行为数据和企业相应的优惠措施及优惠程度，预先测试出消费者对不同优惠活动的反应，然后通过建模判断出企业提供的附加价值的临界值，从而以较小的成本获得较好的消费激励效果。

第一节　决策树算法介绍

一、决策树算法简介

决策树算法是一种常用的分类算法，它是一种树形结构，其中每个内部节点表示一个属性上的测试，每个分支代表一个测试输出，每个叶节点代表一种类别。根节点到每个叶节点均形成一条分类的路径规则。而对新的样本进行测试时，只需要从根节点开始，在每个分支节点进行测试，沿着相应的分支进入子树测试，一直到达叶节点，该叶节点所代表的类别即为当前测试样本的预测类别。

如图 7-1 为决策树算法的示意图，其中，椭圆用来表示内部节点，矩形用来表示叶节点。

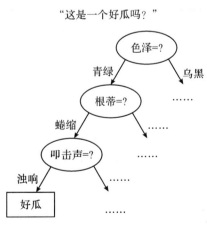

图 7-1　决策树示意

二、决策树算法的工作原理

在决策树中,每个叶节点都被赋予了一个类标签。每个非终结点(包括根节点及内部节点)则对应一个属性测试条件。从根节点到叶节点的每一条路径都是决策树的一条完整规则。具体的决策树算法工作原理如图7-2所示。

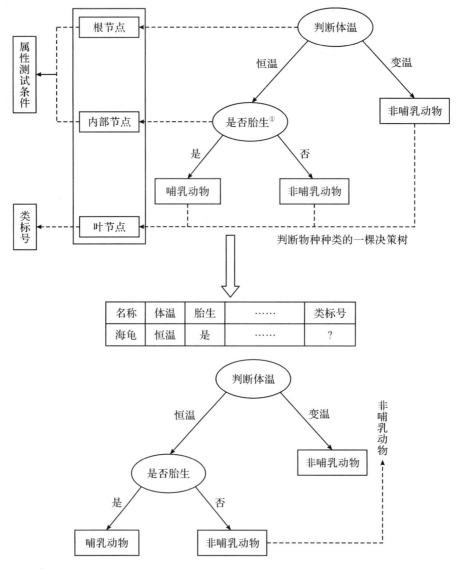

注：①此处排除鸭嘴兽等特殊情况。

图 7-2　决策树工作原理

三、决策树算法的用途

决策树算法作为一种决策技术,已被广泛地应用于企业的投资决策之中,它是随机决策模型中最常见、最普及的一种决策模式和方法。这种方法可以有效地控制决策带来的风险。决策树算法利用树状图来展现每一种决策的期望值,旨在找出效益最大、成本最低的决策方法。决策树算法是一种风险型决策方法,其应用条件不同于确定性的决策方法,要应用决策树算法必须具备以下条件。

第一,具有决策者期望达到的明确目标。

第二,存在决策者可以选择的两个或两个以上的可行的备选方案。

第三,存在决策者无法控制的两个或两个以上的不确定因素(如气候变化、市场行情波动、经济发展动向等)。

第四,不同方案在不同因素下的收益或损失(简称损益值)可以计算出来。

第五,决策者可以估计不确定因素发生的概率。

当今社会,经济活动竞争日趋激烈,许多经营方案可供企业选择,如何用最少的资源获得最多的利润,并最大限度地降低企业的经营风险,是企业决策者经常面对的决策难题,决策树算法能简单明了地帮助企业决策层分析企业的经营风险和经营方向。随着经济的不断发展,企业的决策数量不断地增加,而决策质量的提升取决于决策方法的科学化。企业的决策水平提高了,企业的管理水平也会相应提高。

四、构造决策树的多种算法

(一)ID3 算法

罗斯·昆兰在 1979 年提出了 ID3 算法,ID3 算法是通过计算节点的信息增益来选择节点属性的。信息增益越大,则表示使用该属性作为节点对数据集划分所获得的"纯度提升"越大。所以信息增益可用于决策树划分属性的选择,其实就是选择信息增益最大的属性,ID3 算法就是采用的信息增益来划分属性。

ID3 算法的规则相对简单,可解释性强。但同时也存在缺陷,它倾向于选择取值比较多的属性,所以存在有些属性可能对分类任务没有太大作用(比如编号,但一般不会选择编号字段作为一个属性),但是这些属性仍然会被选为最优属性的问题。这种缺陷不是每次都会发生,只是存在一定的概率,但针对可能发生的缺陷,后人提出了新的算法进行改进。

(二)C4.5 算法

C4.5 算法是在 ID3 算法的基础上改进的,由于 ID3 算法在计算时倾向于选择取值比较多的属性,为了避免这个问题,C4.5 算法采用信息增益率的方式来选择属性,其公式为

$$信息增益率＝信息增益/属性熵$$

当属性有很多值的时候,相当于被划分成了许多份,虽然信息增益变大了,但是对于 C4.5 算法来说,属性熵也会变大,所以整体的信息增益率并不大,从而避免了 ID3 算法的缺陷。

ID3 算法在构造决策树的时候,容易出现"过拟合"的现象,而在 C4.5 算法中,会在决策树构造之后采用悲观剪枝。悲观剪枝通过递归估算每个内部节点的分类错误率,比较剪枝前后这个节点的分类错误率来决定是否对其进行剪枝,以提升决策树的泛化能力。

相比于 ID3 算法,C4.5 算法用信息增益率替代了信息增益,解决了噪声敏感的问题,并且可以对构造树进行剪枝,同时还能处理连续数值与数值缺失的情况。但是由于 C4.5

需要对数据集进行多次扫描,算法效率相对较低。

(三)Cart算法

Cart算法与ID3、C4.5算法的不同之处在于Cart算法生成的必须是二叉树。也就是说,无论是回归还是分类问题,无论特征是离散的还是连续的,无论属性取值有多个还是两个,内部节点只能根据属性值进行二分。

Cart又名分类回归树,顾名思义,Cart既能是分类树,也能是回归树。在用于分类问题时,Cart算法使用Gini(基尼)指数最小化准则来选择特征并进行划分。Gini指数(Gini不纯度)表示在样本集合中一个被随机选中的样本被分错的概率。Gini指数越小表示集合中被选中的样本被分错的概率越小,也就是说集合的纯度越高;反之,集合越不纯。当集合中所有样本为一个类时,Gini指数为0。所以,Cart算法选择Gini指数小的属性作为决策树节点。

第二节　问题的提出

一、问题设计

某公司数据分析运营专员准备运用决策树算法对市场部收集到的客户人群特征数据进行分析,挖掘出用户对营销活动的反应,进而帮助企业减少成本,专门针对会响应营销活动的客户进行广告推送。要想实现该构想,首先需要分析客户特征,了解不同的客户,再利用模型算法进行建模分析,得出高响应率客户,向他们投放广告。投放后对该次广告投放的效果利用可视化的手段进行分析,从中提出优化建议。这样不仅可以节约企业成本,同时也能更精准地为客户提供更好的服务。

二、解决思路

以往企业在分析营销活动实施效果时存在明显的滞后性,并且有一些营销效果是不能用量化的数据进行统计分析的。在大数据背景下,企业可以通过营销信息投放数据及目标消费者的实时反馈数据持续跟踪、分析营销信息的投放效果,并以此分析结果,不断优化营销活动。例如,企业在给目标消费群体的手机APP投放营销信息以后,分析这些消费者对营销信息的反应,主要数据有是否点击信息、信息页面停留时间、是否转化为实际消费者、是否转发他人等。由此,企业可以在后期投放营销信息时,剔除那些从不点击营销信息的、页面停留时间过短的消费者,而对转化为实际消费者的、转发他人的目标消费者进行多次投放。从以上论述可以发现,大数据背景下的营销组合设计是一个系统化的过程:它从定位目标受众开始,经过选择营销工具,设计营销内容,再到多时空、多渠道投放营销信息,最后进行营销效果的分析和优化。这是一个不断循环的过程,随着获取的消费者信息越来越多,企业需要不断重新定位其目标受众,不断重复上述步骤。

营销响应预测通过分析数据来了解总体的销售情况,如用户消费现状、产品销售现状、流量现状、风控现状、市场竞争现状等。会员部门在筹划会员营销活动时,希望预测下一次营销活动推出时响应活动会员的具体名单和响应概率,以此来制定针对性的营销策略。本案例主要通过对客户进行一次销售响应的预测来把握客户未来消费的可能性。由此,本次案例的基本思路是结合给出的数据来建立客户人群特征数据的决策树模型,具体步骤如下。

第一,观察数据,以找到主要的特征属性。

第二,通过训练得到营销活动响应的预测模型。

第三,根据模型预测的结果为电商卖家营销策略提供建议。

投放营销广告后,利用可视化的手段对本次营销活动的效果进行分析,最终形成广告投放优化建议。

第三节　基于决策树算法进行营销行为响应预测

一、探索数据源

本案例包含两个数据源,一是训练集数据,二是测试集数据。该电商卖家的历史客户群特征相关订单数据包含以下字段:"客户昵称""用户等级""用户价值度""用户活跃度""年龄""性别""收货地址""宝贝种类""宝贝数量""支付金额""总浏览量""是否响应"。

训练集共200条数据,测试集共有100条数据(注意:特征变量数为10,"是否响应"字段为目标变量,仅存在于训练集中,不存在于测试集中)。

表7-1为客户特征数据(共100条数据,此处只显示前8条数据),表中包含了统计日期内的用户等级、用户价值度、用户活跃度、支付金额等多个指标。表7-2为重要指标详解。

表7-1　客户特征数据

客户昵称	用户等级	用户价值度	用户活跃度	年龄	性别	收货地址	宝贝种类	宝贝数量	支付金额	总浏览量
紫悦嘉人 *	1	1	1	22	女	北京市	1	1	159	183575
紫妍风流 *	1	4	2	21	女	湖南省	1	1	159	10375
紫屋魔恋 *	1	1	1	23	男	云南省	2	2	208	20819
紫薇花娇 *	1	1	2	38	女	湖北省	1	1	108	182971
紫藤花7 *	7	1	4	20	男	陕西省	2	3	557	344519
紫海紫 *	2	2	1	24	女	北京市	4	4	572	175424
子怡驿力 *	1	5	1	35	男	湖北省	1	1	44	551476
子虚21 *	2	2	2	12	男	江苏省	1	3	477	242108

表 7-2 重要字段详解

字段名称	字段详解	字段类型
客户昵称	客户在平台上注册的账号(会员名)	字符型
用户等级	分类变量,值域[1,7]	数值型
用户价值度	分类型变量,值域[1,6],数值越大价值越高	数值型
用户活跃度	用户活跃度分类,分类型变量,值域[1,5],数值越大,活跃度越高	数值型
年龄	0～100	数值型
性别	男、女	字符型
收货地址	省份名称	字符型
宝贝种类	客户购买过的宝贝种类的合计	数值型
宝贝数量	客户购买过的宝贝数量的合计	数值型
支付金额	客户购买过的宝贝所支付的金额的合计	数值型
总浏览量	总页面浏览量	数值型
是否响应	1代表用户响应,0代表用户未响应	数值型

　　首先将本实训用到的数据导入"关系数据源"中,新建实验并保存实验后,从左边数据源模块拖拽"关系数据源"节点至画布区,并在右边参数区根据自己上传数据时所保存的路径找到数据表。随后右击"关系数据源"节点并点击"执行到此处",执行成功后右击查看关系数据源节点的输出结果,流水数据如图 7-3 所示。

	A₀ 客户昵称	# 用户等级	# 用户价值度	# 用户活跃度	# 年龄	A₀ 性别	A₀ 收货地址	# 宝贝种类	#
	秦731*	1	1	1	25	女	广东省	1	
	帝建公司*	2	2	1	31	女	湖南省	2	
	123j*	3	1	1	24	女	重庆	1	
	yang*	2	2	2	25	男	贵州省	1	
	解渴绿茶*	2	3	2	18	女	北京	1	
	王佳颖_*	2	2	1	14	男	贵州省	1	
	tian*	4	2	2	20	女	浙江省	1	
	我爱猪猪*	2	2	2	61	男	江西省	1	
	smil*	1	1	1	51	男	广西壮族自治区	1	
	kave*	2	2	2	23	男	上海	1	
	shu1*	2	2	2	48	女	上海	1	

注意:表头中#表示特征列,*表示标签列

图 7-3 数据源

二、对数据进行预处理

(一)将字符型字段进行特征转换

由于算法模型的字段仅支持数值型格式,所以需要将字符型字段转换成数值型,这里需要用到"特征转换"节点来实现特征类型的转换。如图 7-4 所示,选择"特征工程"中的"特征选择"节点,在选择特征列中将需要转换类型的字符型字段"性别"和"收货地址"添加到"已选字段列表"中,进行特征转换,为后续模型的训练做准备。

图 7-4 选择需要进行转换的特征列

添加"特征工程"中的"特征转换"节点至画布区,该节点的作用是为转换特征列增添后缀名而形成新的一列字段。该新增后缀名为"Index",如图 7-5 所示。

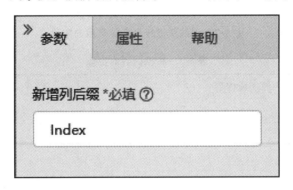

图 7-5 新增后缀名

通过抽取、变换进行特征转化处理,流程如图 7-6 所示,变换后的新列列名及对应数值如表 7-3 所示。"性别"字段转换为"性别Index","收货地址"字段转换为"收货地址Index",具体如图 7-7 所示。

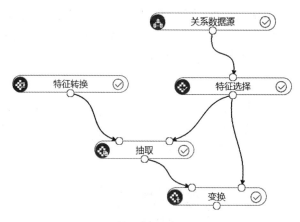

图 7-6　流程图

性别	收货地址	# 宝贝种类	# 宝贝数量	# 支付金额	# 总浏览量	# 是否响应	# 性别Index	# 收货地址Index
女	广东省	1	1	159	302146	0	1	1
女	湖南省	2	2	278	193524	0	1	13
女	重庆	1	1	159	292175	0	1	6
男	贵州省	2	5	760	186824	1	0	9
女	北京	1	2	318	5421	0	1	5
男	贵州省	1	2	318	176756	0	0	9
女	浙江省	2	3	452	245487	1	1	2
男	江西省	1	1	159	121772	0	0	10
男	广西壮族自治区	1	1	144	14653	0	0	16
男	上海	1	1	336	182973	1	0	0
女	上海	1	1	158	344519	0	1	0
女	江苏省	1	1	159	175424	0	1	3
男	江苏省	1	1	159	551476	0	0	3
女	河南省	1	1	149	242108	0	1	8

图 7-7　训练集进行特征转化后的字段

表 7-3　转换内容对应表

	原字段内容	转换后内容
性别	女	0
	男	1
收货地址	上海	0
	广东省	1
	浙江省	2
	江苏省	3
	四川省	4
	北京	5
	重庆	6
	湖北省	7
	河南省	8

原字段内容		转换后内容
收货地址	贵州省	9
	江西省	10
	天津市	11
	福建省	12
	湖南省	13
	辽宁省	14
	山东省	15
	广西壮族自治区	16
	云南省	17
	山西省	18
	内蒙古自治区	19
	安徽省	20
	陕西省	21
	新疆维吾尔自治区	22
	青海省	23
	吉林省	24
	黑龙江省	25
	河北省	26

(二)特征选择

将进行数值转换好后的字段进行特征选择操作,为后续模型训练做准备。它的具体作用是从数据集中选取有用特征,用于分类预测或者回归预测算法的训练。其中标签列必选,具体的特征列和标签列配置如图7-8所示。

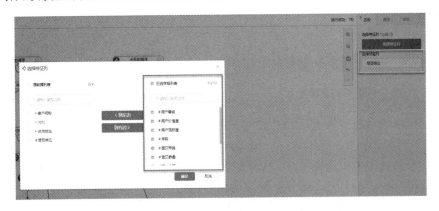

图 7-8　选择特征列和标签列

所选择特征列的字段为与所需要预测的"是否响应"字段有较大相关性的特征字段，这里需注意的是，特征列中应选择数值型字段和已经进行了特征变换的字段（以 Index 结尾的字段），即"性别 Index"和"收货地址 Index"。而标签列为后续所需要预测的"是否响应"字段。

三、构建决策树模型

（一）算法选择与模型训练

本案例旨在预测电商客户对营销活动的响应，这属于分类问题，对应的算法为分类算法，此处选择决策树算法。该算法属于多分类算法，是一种流行的机器学习分类算法，其核心是信息熵。它计算每个属性的信息增益，认为信息增益高的属性是好属性，每次选择信息增益最高的属性作为划分标准，并重复这个过程，直至生成一个好的分类训练样本的决策树。

拖拽"机器学习"－"分类算法"－"多分类算法"中的"决策树"节点和"数据预处理"中的"拆分"节点至画布区。数据拆分是将原始样本集按照训练集和测试集的方式拆分为两个子集。拆分后各个子集的比例总和小于等于 100％。数据拆分经常作为回归或者分类算法节点的前置节点。具体的算法参数配置如图 7-9 所示，分裂特征的数量为 32，树的深度为 4。"拆分"节点的参数配置如图7-10所示，数据集占比为 0.7，随机种子默认为 1。

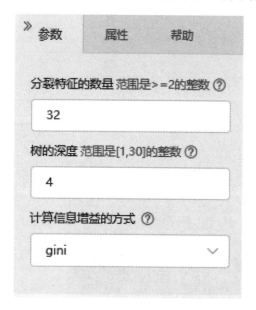

图 7-9　决策树算法的参数配置

图 7-10　拆分节点的参数配置

选择"机器学习"－"训练"中的"训练"节点和"机器学习"中的"预测"节点拖拽至画布区。"训练"节点是基于选择的特征，对各种分类和回归算法进行训练，左边输入的是待训练的算法，右边输入的则为训练集。而"预测"节点是根据训练集及各种分类或回归算法对测试集进行结果预测，左边输入的是已训练的模型或者已保存的模型，右边输入的为测试集。最终将模型预测的结果承接给"评估"节点，对分类算法模型的预测效果进行评估，检验模型在分类任务中的表现或者检验其在回归任务中的可靠性。运行并查看评估节点,具体评估结果如图 7-11 和图 7-12 所示。

指标	值		
confusion matrix(混淆矩阵)	真实\预测	0	1
	0	50	4
	1	2	2
accuracy(准确率)	0.896551724137931		
roc曲线	查看ROC曲线		
auc	0.7129629629629629		
ks	查看KS曲线		
weighted precision(加权精确率)	0.9182139699381079		
weighted recall(加权召回率)	0.8965517241379309		

图 7-11　评估结果 1

指标	值
accuracy(准确率)	0.896551724137931
roc曲线	查看ROC曲线
auc	0.7129629629629629
ks	查看KS曲线
weighted precision(加权精确率)	0.9182139699381079
weighted recall(加权召回率)	0.8965517241379309
weighted F1 score(加权F1分数)	0.9059206245933638
Class 0.0 precision(精确率)	0.9615384615384616
Class 0.0 recall(召回率)	0.9259259259259259
Class 0.0 F1 score(F1分数)	0.9433962264150944

图 7-12　评估结果 2

　　混淆矩阵也称误差矩阵,是表示精度评价的一种标准格式,用 n 行 n 列的矩阵形式来表示。在数据挖掘领域,混淆矩阵是可视化工具,特别适用于监督学习。混淆矩阵的每一列代表了预测类别,每一列的总数表示预测为该类别的数据的数目;每一行代表了数据的真实归属类别,每一行的数据总数表示该类别的数据实例的数目。每一列中的数值表示真实数据被预测为该类的数目。在图 7-11 中,第二行第二列的 50 表示有 50 个实际归属 0 的实例被预测为 0;同理,第二行第三列的 4 表示有 4 个实际归属为 0 的实例被错误预测为 1。总体来说,预测正确的有 52 个,预测错误的有 6 个。

从观察评估结果1(见图7-11)和结果2(见图7-12)可以得到该模型的准确率(预测某类正确的样本比例)为89.66%,召回率(真实为正的样本中预测为正的样本)为92.59%,可知该模型预测效果较好。

(二)对测试集进行相关操作

将第二个"关系数据源"拖入画布区,将"客户特征数据"—"测试集"上传至该数据源,由于该数据集的详细数据已经展示过,这里不做过多陈述。

对于训练集也需要进行跟训练相关的同样的操作。一是将文本型字段——"性别"和"收货地址"进行特征转换,转换为数值型字段,相关配置如图7-13所示,最终测试集的变换结果如图7-14所示;二是在进行了特征变换后,进行选择特征列的操作。所选择的特征列字段如图7-15所示,注意选择的字段应为数值型字段。

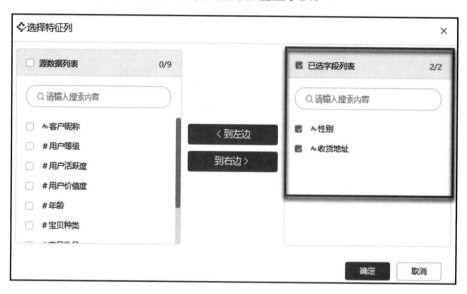

图 7-13 特征选择的相关配置

Aₐ 性别	Aₐ 收货地址	# 宝贝种类	# 宝贝数量	# 支付金额	# 总浏览量	# 性别Index	# 收货地址Index
男	广西壮族自治区	1	1	159.0	376700	0	16
女	上海	1	1	159.0	200997	1	3
女	北京	1	1	159.0	183575	1	9
女	湖南省	1	1	159.0	10375	1	15
男	云南省	2	2	208.0	20819	0	14
女	湖北省	1	1	108.0	182971	1	8
男	陕西省	2	3	557.0	344519	0	2
女	北京	4	4	572.0	175424	1	9
男	湖北省	1	1	44.0	551476	0	8
男	江苏省	3	3	477.0	242108	0	0
男	广东省	1	1	159.0	167413	0	1
男	山东省	3	3	327.0	453154	0	6

图 7-14 测试集进行特征转换的输出

图 7-15　特征列选择的相关配置

四、预测得到高响应率客户

最后选择"机器学习"中的"预测"节点对测试集中的数据进行预测。预测节点是根据训练集及各种分类或回归算法对测试集进行结果预测,左边输入的是已训练的模型或者已保存的模型,右边输入的是测试集。因此"预测"节点的左边应放入上一步已经进行了训练的数据集。整体的工作流如图 7-16 所示。

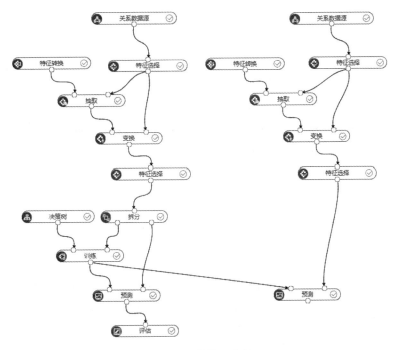

图 7-16　整体工作流

运行第二个"预测"节点查看预测结果,在列最后出现新字段"prediction"即为预测的结果,如图 7-17 所示。

features	rawPrediction	probability	prediction
[2.0,1.0,2.0,26.0,1.0,1.0,159.0,376700.0,0.0,16.0]	[123.0,0.0]	[1.0,0.0]	0
[2.0,5.0,2.0,35.0,1.0,1.0,159.0,200997.0,1.0,3.0]	[123.0,0.0]	[1.0,0.0]	0
[1.0,1.0,1.0,22.0,1.0,1.0,159.0,183575.0,1.0,9.0]	[123.0,0.0]	[1.0,0.0]	0
[1.0,2.0,4.0,21.0,1.0,1.0,159.0,10375.0,1.0,15.0]	[123.0,0.0]	[1.0,0.0]	0
[1.0,1.0,1.0,23.0,2.0,2.0,208.0,20819.0,0.0,14.0]	[123.0,0.0]	[1.0,0.0]	0
[1.0,2.0,1.0,38.0,3.0,1.0,108.0,182971.0,1.0,8.0]	[123.0,0.0]	[1.0,0.0]	0
[7.0,4.0,1.0,20.0,2.0,3.0,557.0,344519.0,0.0,2.0]	[3.0,0.0]	[1.0,0.0]	0
[2.0,1.0,2.0,24.0,4.0,4.0,572.0,175424.0,1.0,9.0]	[0.0,9.0]	[0.0,1.0]	1
[1.0,1.0,5.0,35.0,1.0,1.0,44.0,551476.0,0.0,8.0]	[123.0,0.0]	[1.0,0.0]	0
[2.0,2.0,2.0,12.0,1.0,3.0,477.0,242108.0,0.0,0.0]	[0.0,9.0]	[0.0,1.0]	1
[2.0,1.0,2.0,56.0,1.0,1.0,159.0,167413.0,0.0,1.0]	[123.0,0.0]	[1.0,0.0]	0
[5.0,1.0,1.0,24.0,3.0,3.0,327.0,453154.0,1.0,6.0]	[123.0,0.0]	[1.0,0.0]	0

图 7-17　预测结果

五、为卖家提出营销策略建议

为了方便观察预测结果,可以选择"聚合"节点,对"prediction"中的结果进行统计,如图 7-18 所示。根据该聚合结果,在 100 名客户中,预测只有 5 名客户会对营销活动进行响应,可以得出客户对该商家营销活动的响应率是比较低的。

Group_prediction	Count_prediction
0	95
1	5

图 7-18　对预测结果进行聚合

业务部门获知该结果后,可以结合实际业务工作采取相应的行动,比如在营销活动前:①定目标:制定响应率不低于 80% 的 KPI(key performance indicator, 关键绩效指标)作为本次营销活动的绩效考核目标;②做预测:结合已经产生订单的历史数据,预测出基于 80% 响应率的订单金额与订单数量等基本数据,作为本次活动的预期收益;同时,结合预算,制定 ROI(return on investment,投资回报率)目标;③批预算:基于预期的订单金额和订单数量,以及关联的用券数量和金额,向公司申请对应的优惠券用于促销,加快用户的购买转化率。

本章小结

预测客户营销活动响应行为可以节约企业的营销成本,同时也能更精准地为客户提供更好的服务。为有效预测客户对营销活动的反应情况,本案例首先收集并分析客户人群的特征数据,了解不同客户拥有的特征属性;其次,利用决策树算法进行建模分析,得出高响应率客户,对他们进行广告投放;最后,根据营销广告的投放,利用可视化的手段对本次营销活动的效果进行分析,形成广告投放优化建议。

　　为成功进行广告投放,本案例通过以下具体步骤来实现:①根据现有卖家的历史客户人群特征相关订单数据,将数据分为训练集和测试集,分别有200条、100条数据,将其导入"关系数据源",在"关系数据源"节点可选择查看详细数据。②由于算法模型的字段仅支持数值型格式,因此在对数据进行基础探索后,需要将训练集字符型字段"性别"和"收货地址"通过"特征转换"转换成数值型。③对进行数值转换好后的字段进行特征选择操作,所选择特征列的字段为与所需要预测的"是否响应"字段有较大相关性的特征字段。④完成对数据的预处理后,选择"决策树"作为本案例的算法。⑤确认算法后,需要对数据进行拆分,将数据拆分成训练集和测试集,并进行模型训练,设置好参数,对训练集进行"训练",同时引入测试集对训练结果进行预测,执行成功之后,在"预测"中,查看分析结果。⑥获得结果后,根据混淆矩阵和模型的ROC曲线评估模型的拟合情况,拟合结果说明模型拟合情况较好。⑦完成训练集数据分析后,对测试集数据进行同样的操作,注意预测时的训练集数据为前面已经进行了训练的数据。⑧为了方便观察预测结果,利用"聚合"对预测结果进行可视化呈现。

　　根据获得的可视化分析结果,可知该商家的营销活动响应率是比较低的。业务部门获知该结果后,可以结合实际业务工作采取相应的行动,比如在营销活动前:①定目标:制定响应率不低于80%的KPI(key performance indicator,关键绩效指标)作为本次营销活动的绩效考核目标;②做预测:结合已经产生订单的历史数据,预测出基于80%响应率的订单金额与订单数量等基本数据,作为本次活动的预期收益;同时,结合预算,制定ROI(return on investment,投资回报率)目标;③批预算:基于预期的订单金额和订单数量,以及关联的用券数量和金额,向公司申请对应的优惠券用于促销,加快用户的购买转化率。

▶ 拓展实训

客户营销活动响应预测

【实训目的】

　　巩固决策树算法的原理;通过教师讲解与实践操作,能够对客户营销活动响应预测案例进行实操,帮助企业优化促销策略并进行动态管理。

【思考与练习】

　　1.通过相关模块,掌握客户营销活动响应预测模型的应用。

　　2.思考决策树算法在大数据时代更广泛的应用。

Chapter 8

第八章

基于支持向量机算法的糖尿病患病风险预测

> ## 章节目标

1. 了解机器学习在糖尿病患病风险预测中的应用。
2. 了解支持向量机算法的基本概念和应用。
3. 掌握利用支持向量机算法预测糖尿病患病风险的方法。

> ## 学习重点、难点

【学习重点】

1. 基于健康大数据背景下的糖尿病患病风险预测模型。
2. 支持向量机算法的应用。

【学习难点】

1. 关键特征因子的选取。
2. 支持向量机模型的构建。

> ## 本章思维导图

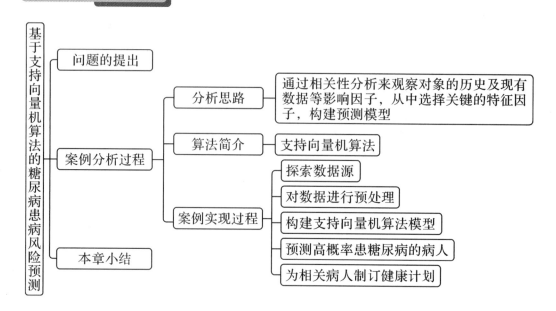

大数据、云计算技术在医疗领域中的应用非常广泛,例如在针对糖尿病的患病风险预测中,现在普遍采用人工智能的方法进行研究,传统的糖尿病风险预测一般依靠医生的个人经验进行判断,存在预测误差较大等问题。因此,为了提高预测的精准度,可以采取数据挖掘的方法,根据体检数据分析结果构建血糖预测模型,探究适合进行血糖预测建模的方法,预测血糖指标及糖尿病的患病风险。

第一节　支持向量机算法介绍

一、支持向量机简介

支持向量机(support vector machine, SVM)是基于统计学习理论的一种机器学习方法。它通过寻求结构化风险最小来提高学习机的泛化能力,实现经验风险和置信范围的最小化,从而达到在统计样本量较少的情况下,亦能获得较好统计规律的目的。通俗来讲,它是一种二分类模型,其基本模型定义为特征空间上的间隔最大的线性分类器,即支持向量机的学习策略便是间隔最大化,最终可转化为一个凸二次规划问题的求解。

支持向量机是一种用于线性和非线性数据的分类算法,它使用一种非线性映射,把原训练数据映射到较高的维度上,然后在新的维度上寻找一个最佳分离超平面(将一个类与其他类进行分离的"决策边界"),确保这些类能够被超平面分开。

支持向量机算法以极大化类间间隔为目标,并以之作为最佳分类超平面,其中定义的类间间隔为两类样本到分类超平面的最小距离,通过引入松弛变量,使支持向量机能够解决类间重叠问题,并提高泛化能力。既支持二分类,也支持多分类模型。

二、支持向量机算法可以解决的问题

(一)文本检测领域

可将支持向量机分类器应用于句子级别的文本检测系统中,对表达含义不明确的词语的信息进行抽取分类。将从文档句子中所提取的词特征作为分类器的输入向量,实验结果表明,支持向量机能够快速有效地识别文本的不确定信息。在该方法中,研究人员可尝试对段落级别的文本进行分析,以进一步提高分类的正确率。

(二)医学领域

可将支持向量机分类器用于检测、识别、评估人体骨龄。以评估骨龄为例。首先,实验人员从采集的图片中提取感兴趣的目标区域并对其进行图像检索以保留图像特征;其次,将所提取的关键特征用于构建支持向量机分类模型,之后,使用交叉验证法评估其测试性能;最后,分类年龄未知的手骨图像。通过将支持向量机与相关技术结合,为每个年龄段的人群提供原型图像,从而自动化、有效地评估人体骨骼年龄。在此基础上,可通过将样本集扩增至万张以验证该方法检测性能的有效性。

(三)人脸识别领域

支持向量机利用基于遗传算法的局部三元模式(genetic algorithm-local ternary

pattern，GA-LTP)进行人脸识别。该方法利用局部三元模式对人脸图像进行特征提取，在此基础上进一步降低计算时间，提高准确率，采用遗传算法进行特征选择。最终，将测试特征集输入通过训练特征集训练好的支持向量机分类器，进行目标的识别检测。

三、支持向量机的工作原理

支持向量机算法即寻找一个分类器使得超平面和最近的数据点之间的分类边缘(超平面和最近的数据点之间的间隔被称为分类边缘)最大，通常认为在支持向量机算法中，分类边缘越大，平面越优，通常定义具有"最大间隔"的决策面就是支持向量机要寻找的最优解，最优解对应两侧虚线要穿过的样本点，被称为"支持向量"。其处理的基本思路为：把问题转化为一个凸二次规划问题，可以用运筹学有关思想进行求解：①在线性支持向量机算法中，目标函数显然就是那个"分类间隔"，且分类间隔最大。②约束条件即决策面，通常需要满足 3 个条件：一是确定决策面，使其正确分类；二是决策面在间隔区域的中轴线；三是确定支持向量。因此，求解支持向量机问题即转化为求解凸二次规划的最优化问题。

支持向量机就是用来分割数据点的那个分割面，它的位置是由支持向量确定的(如果支持向量发生了变化，往往分割面的位置也会随之改变)，因此，这个面就是一个支持向量确定的分类器，即支持向量机。

第二节　问题的提出

一、问题设计

糖尿病作为一种常见的慢性疾病，目前虽然无法根治，但却可以通过有效的预防来降低发病率，并通过科学的治疗来提高患者的生活质量。随着大数据和云计算时代的到来，数学、计算机科学和生命科学相互交织、相互碰撞，所发生的"化学反应"正广泛而深刻地影响着每个人的健康生活。本案例中的"化学反应"特指人工智能辅助糖尿病风险预测，即用人工智能的方法和思想处理、分析、解读糖尿病相关大数据，设计高精、高效的算法来挑战糖尿病风险预测这一科学难题，为学术界和精准医疗领域提供有力的技术支撑，实现可循证的智慧医疗。针对糖尿病临床数据非线性、高维数的特点，我们可以通过数据挖掘的方式来对指标——现有的健康大数据(如年龄等)及历史医疗记录(如葡萄糖和胰岛素水平等)加以分析，帮助相关人群建立糖尿病预测模型，预测观察对象是否会患糖尿病，以此来进行预防。

二、解决思路

从糖尿病发病人群的特征中不难发现，人群睡眠持续时间的长期变化、饮食、身体活动能力、体重等与糖尿病发病具有较大的相关关系。一般在社区级规模人群的糖尿病筛查分析中，认为对糖尿病的发病影响较大因素有年龄、体重指数、肥胖状况等。本案例可以定性地找出对于血糖值有较大影响的身体和环境因素，进而对这些因素进行综合性的分析与判断。找出与发病关联较大的多个相关因素，利用数据挖掘技术加以分析，可以定性分析发病率。支持向量机算法在输入指标构建模型时,应综合考虑各种相关因素,构建关于全部指标维度的分类超平面进行分类预测,大致分析步骤为:第一,选择关键的特征因子。从观察对象的现有健康数据及历史医疗记录等影响因子中选择关键的特征因子。第二,构建糖尿病预测模型。采用机器学习中监督类的方法,如支持向量机算法,根据上一步寻找到的主要特征因子,训练得到糖尿病预测模型。第三,效果评估。将观察对象实际的健康情况(是否患有糖尿病)与使用模型预测得到的结果加以对比,评估观察对象患上糖尿病概率的预测结果的准确性。

第三节　基于支持向量机算法进行糖尿病患病风险预测

一、探索数据源

新建实验,保存之后从左边数据源中拖拽"示例数据源"到中间"画布区",并在右边参数区的"数据源选择"中选择糖尿病预测数据,如图 8-1 所示。

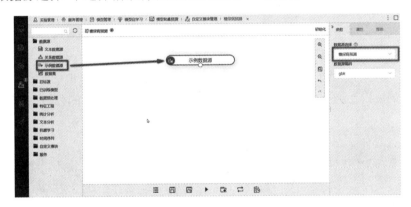

图 8-1　数据准备

执行之后,在"示例数据源"节点单击鼠标右键,选择查看输出,如图 8-2 所示,即可查看本数据源详细数据,如图 8-3 所示。

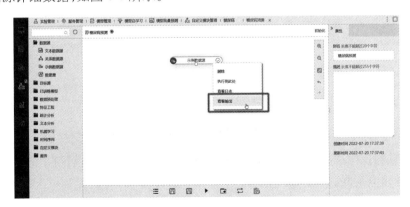

图 8-2　查看输出

# 怀孕次数	# 血糖	# 血压	# 皮肤厚度	# 胰岛素	# 身体质量指数	# 糖尿病遗传函数
6	148	72	35	0	33.6	0.627
1	85	66	29	0	26.6	0.351
8	183	64	0	0	23.3	0.672
1	89	66	23	94	28.1	0.167
0	137	40	35	168	43.1	2.288
5	116	74	0	0	25.6	0.201
3	78	50	32	88	31.0	0.248
10	115	0	0	0	35.3	0.134
2	197	70	45	543	30.5	0.158
8	125	96	0	0	0	0.232
4	110	92	0	0	37.6	0.191
10	168	74	0	0	38.0	0.537
10	139	80	0	0	27.1	1.441
1	189	60	23	846	30.1	0.398

注意：表头中 ◆ 表示特征列，* 表示标签列

图 8-3　详细数据

二、对数据进行预处理

(一)特征选择

导入数据之后开始对数据进行处理,观察数据发现"糖尿病"那一列是字符串形式,这里需要将其数值化,实现特征类型的转化,将"没有"和"有"转换成 0 和 1。这个操作可以使用"特征工程"下的"特征转换"节点,拖拽此节点到画布区,如图 8-4 所示。同时,在右边参数区需要设置新增列后缀,用于在原字段名后追加后缀生成新的列,系统默认后缀为Index。

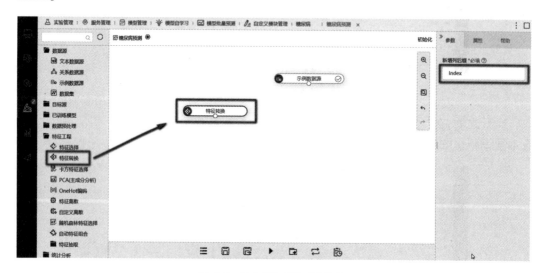

图 8-4　添加"特征转换"节点

接下来从数据里选择特征列,再对其进行转换,拖拽"特征工程"下的"特征选择"节点到画布区,并建立关联,如图 8-5 所示。

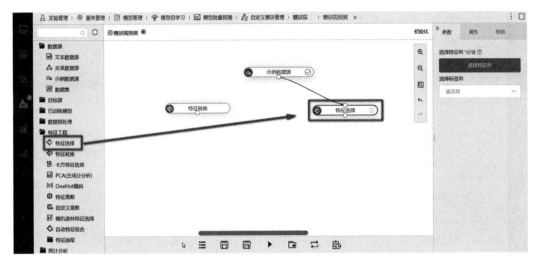

图 8-5 添加"特征选择"节点

配置参数,选择特征列,选中"糖尿病"字段,如图 8-6 所示。

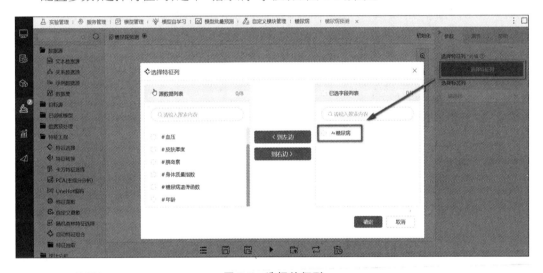

图 8-6 选择特征列

(二)特征抽取

用刚才选择的"特征转换"算法,将"糖尿病"字段抽取出来,拖拽"特征工程"－"特征抽取"下的"抽取",建立关联,如图 8-7 所示。

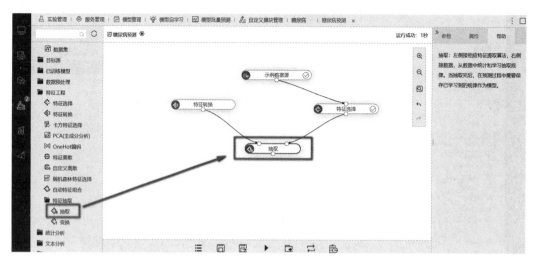

图 8-7　添加"抽取"节点

利用"抽取"节点左侧连接相应特征,提取算法,在建立关联时,在右侧接数据,从数据中统计和学习抽取规律。

抽取之后需要运用所提取的模型来变换特征,拖拽"特征工程"－"特征抽取"下的"变换"建立关联,如图 8-8 所示。

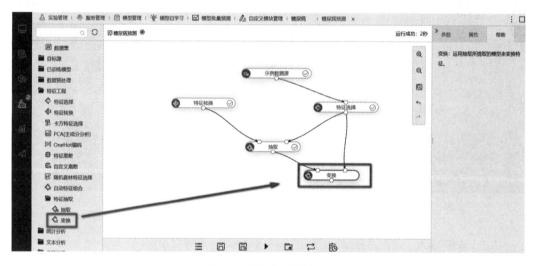

图 8-8　添加"变换"节点

运行全部流程,运行成功之后选中"变换"节点,点击鼠标右键查看输出,可以看到数据集的变化,在最右边新增了"糖尿病 Index"列,将前一列"糖尿病"转换成了数值形式,如图 8-9 所示。

⏱当前显示 100 条 / 总共有 768 条数据　提示:点击单元格可查看超出的内容									✕
# 血糖	# 血压	# 皮肤厚度	# 胰岛素	# 身体质量指数	# 糖尿病遗传函数	# 年龄	A↓ 糖尿病 ◇	# 糖尿病Index	
148	72	35	0	33.6	0.627	50	有	1	
85	66	29	0	26.6	0.351	31	没有	0	
183	64	0	0	23.3	0.672	32	有	1	
89	66	23	94	28.1	0.167	21	没有	0	
137	40	35	168	43.1	2.288	33	有	1	
116	74	0	0	25.6	0.201	30	没有	0	
78	50	32	88	31.0	0.248	26	有	1	
115	0	0	0	35.3	0.134	29	没有	0	
197	70	45	543	30.5	0.158	53	有	1	
125	96	0	0	0	0.232	54	有	1	
110	92	0	0	37.6	0.191	30	没有	0	
168	74	0	0	38.0	0.537	34	有	1	
139	80	0	0	27.1	1.441	57	没有	0	
189	60	23	846	30.1	0.398	59	有	1	

注意:表头中◇表示特征列,*表示标签列。　　　　　　　　　　　　表头真名 ⬤ 表示别名

图 8-9　查看变换后的数据

三、构建支持向量机算法模型

(一)相关性分析

在建立算法模型之前,可以先辅助性地查看一下几个字段的相关性,这里会用到"统计分析"里的"相关性分析",如图 8-10 所示。

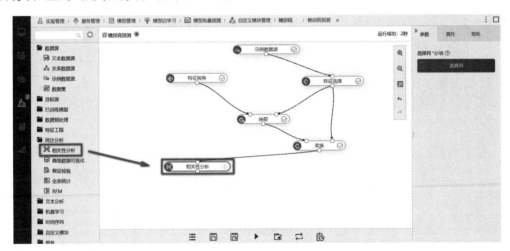

图 8-10　添加"相关性分析"节点

配置相关参数,选择列,如图 8-11 所示。

图 8-11　选择列

执行并查看分析结果,如图 8-12 所示。

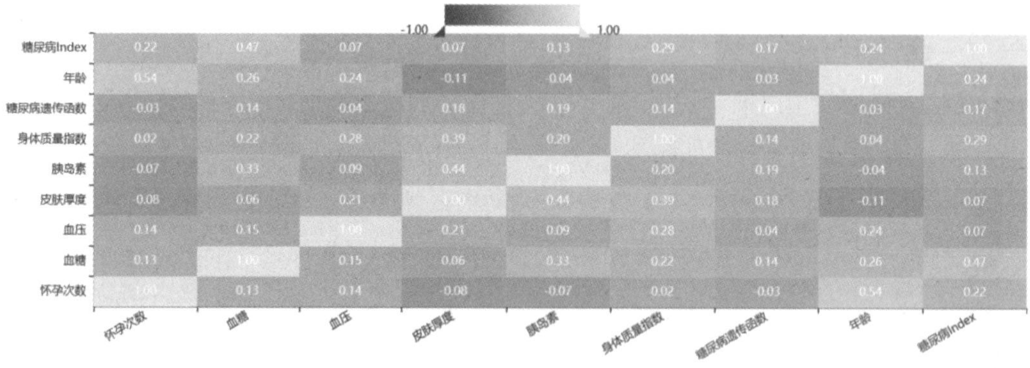

图 8-12　查看相关性分析结果

(二)特征选择

找到"糖尿病 Index"列,根据相关性分析结果查找相关的字段。正数表示正相关,负数表示负相关,0 则表示不相关,如图 8-13 所示。

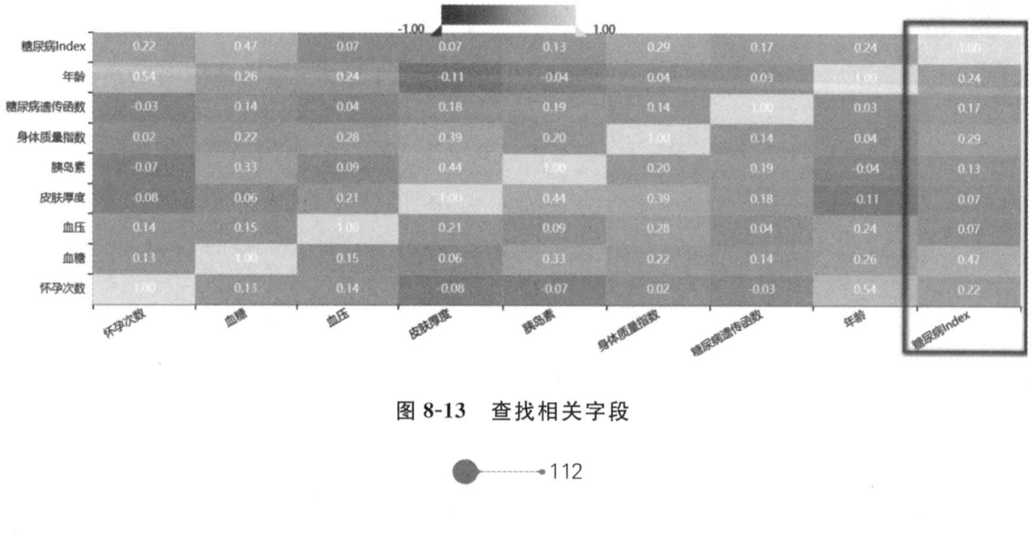

图 8-13　查找相关字段

再次拖拽"特征选择"到画布区,对相关性比较高的字段进行预测,如图 8-14 所示。

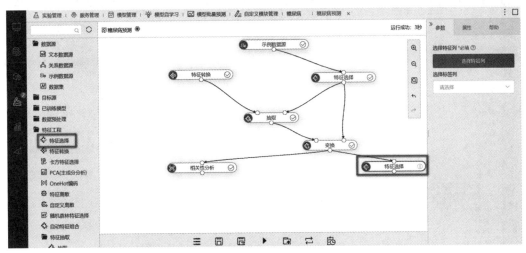

图 8-14　添加"特征选择"节点

选择特征列和标签列,如图 8-15 所示。

图 8-15　选择特征列和标签列

(三)选择支持向量机算法

接下来进行算法的选择。对糖尿病的预测是一个分类问题,可以选择分类算法建立模型进行训练。

在左侧选择"机器学习"—"分类算法"—"二分类算法"中的"支持向量机"节点,如图 8-16所示。

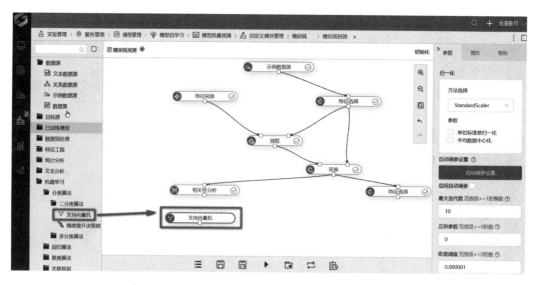

图 8-16 选择"支持向量机"算法

支持向量机算法相关配置说明如表 8-1 所示。

表 8-1 支持向量机算法相关配置说明

参数		说明
归一化	方法选择	在拟合训练模型之前,判断是否具有标准化特征 Normalizer:范数归一化 StandardScaler:零均值标准化,该项为系统默认值 MinMaxScaker:最大－最小归一化 MaxAbsScaler:绝对值规范化
	参数	单位标准差归一化:数据减去均值再除以标准差 平均数据中心化:数据减去均值
最大迭代数		即算法的最大迭代次数,达到最大迭代次数即退出 参数范围是大于等于 0 的正整数,默认值为 10 注意:最大迭代次数的值越大,模型训练更充分,但会耗费更多时间
正则参数		即正则项系数,参数范围为大于等于 0 的数,默认值为 0
收敛阈值		收敛误差值,参数范围为大于等于 0 的数,默认值为 0.000001
分类阈值		在二进制分类中设置阈值,如果分类标签 1 的估计概率＞thresholds,则预测为 1,否则为 0 高阈值是鼓励模型更频繁地预测 0,反之则预测为 1 参数范围为 0～1,默认值为 0.5

按照图 8-17 所示配置好相关参数。

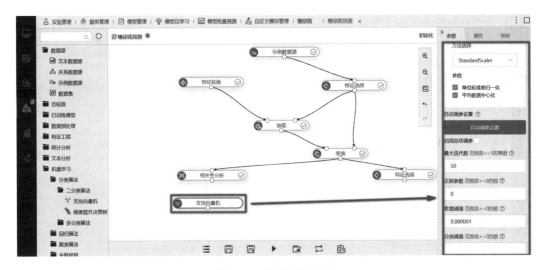

图 8-17　配置相关参数

算法节点需要训练和验证的过程，首先要进行数据的拆分，拆分成训练集和测试集。拆分后进行支持向量机算法训练，模型算法训练好后需要进行校验。在"数据预处理"中拖拽"拆分"节点，如图 8-18 所示。

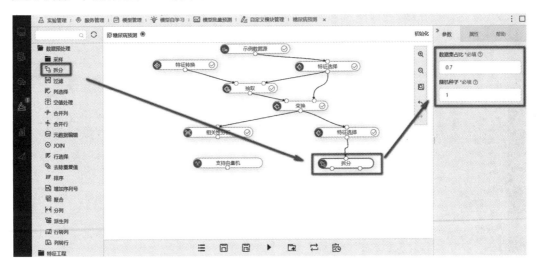

图 8-18　添加"拆分"节点

数据拆分是将原始样本集按照训练集和测试集的方式拆分为 2 个子集。拆分后各个子集的比例总和小于等于 100%。数据拆分经常作为回归或者分类算法节点的前置节点。

拖拽"机器学习"中的"训练"节点到画布区，训练方法是支持向量机，如图 8-19 所示。

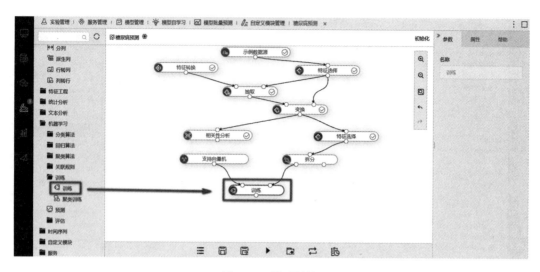

图 8-19　模型训练

四、预测高概率患糖尿病的病人

对训练结果引入测试集进行预测,如图 8-20 所示。

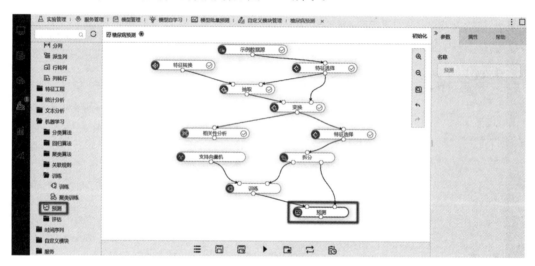

图 8-20　模型预测

建立完如图 8-20 所示工作流之后,全部运行模型,之后点击鼠标右键,选择"预测"节点查看分析输出,就可以看到模型的预测结果数据,如图 8-21 所示。

当前显示 100 条 / 总共有 239 条数据　提示:点击单元格可查看超出的内容

featuresNormalized	rawPrediction	# prediction
9785632045,-0.7336813268790113,0.5848087888883661,-1.0783533275738737,0.06841290653024498]	[2.184767236189207,-2.184767236189207]	0
2988352028,-1.0219586890372165,-0.1925327363172475,-0.8773716138666692,-0.6002043307883582]	[2.2052030771758004,-2.2052030771758004]	0
1879616405,-0.1250957845450225,-0.6806309033068187,-0.7768807570130669,-0.8007895019839392]	[1.1052187880002373,-1.1052187880002373]	0
11879616405,1.4764451163338954,0.9011687119371623,-0.7517580427996665,0.3723298325841555]	[-0.3935140746504576,0.3935140746504576]	0
8931360063,0.899890392017485,-0.6806309033068187,0.22802781152295457,0.4938966030057198]	[-0.6237714707005045,0.6237714707005045]	1
6674758484,2.437369656861246,-0.6806309033068187,1.0068319521383706,-0.04099718684916275]	[-2.400326437565455,2.400326437565455]	1
2161555328,-0.5735272367911195,-0.6806309033068187,0.1400983117760523,0.6093850349062059]	[0.5338774731970887,-0.5338774731970887]	0
04953748,0.16318157761318275,0.35883741528208307,-0.08600611614455217,-0.7886328249417828]	[0.2710733864843815,-0.2710733864843815]	0
9764835217,0.7397363019295932,0.6390419185538739,0.6048685247239626,-0.6397135311753666]	[-0.6414292864821912,0.6414292864821912]	1
9785632045,-1.502420959300892,-0.6806309033068187,-1.1034760417872742,-0.6579485467386013]	[2.861394896691209,-2.861394896691209]	0
9785632045,-0.6055580548086978,-0.35523212531377124,-0.952739756506871,0.1869405076912702]	[1.841024709551549,-1.841024709551549]	0
79785632045,0.8358287559823283,-0.6806309033068187,-0.2618651156383562,0.302428939591756]	[0.10641589791461015,-0.10641589791461015]	0
2042233624,-0.6375888728262762,0.13286604167580005,0.1400983117760523,1.2232972255351051]	[1.1985531198819057,-1.1985531198819057]	0
2042233624,0.6756746658944365,0.47634252955735024,-0.8020034712264679,0.7127167897645352]	[0.5103483045128636,-0.5103483045128636]	0

注意：表头中◇表示特征列，*表示标签列　　表头真名　表头别名

图 8-21　预测结果

五、为相关病人制订健康计划

(一)用药指导

胰岛素能促进糖原、脂肪和蛋白质的合成,使各组织加速摄取、贮存和利用血液中的葡萄糖。故当服用口服降糖药治疗后,血糖仍未得到控制时,应尽早使用胰岛素,以有效地控制血糖,减少并发症。因此要教会病人出院后自己注射胰岛素的方法,在医师指导下选择制剂和剂量。

(二)活动指导

运动疗法是一种辅助治疗方法,它能促进糖的有氧氧化,增加胰岛素的敏感性,从而达到降低血糖的目的。可在医师指导下选择运动方式及运动量,以不感到疲劳为宜。运动方式有大板拳、气功、散步等,不可间断,要持之以恒。为避免低血糖发生,最好选择在饭后血糖较高时进行运动,并携带糖块。

(三)心理指导

糖尿病是终身疾病,需要长期治疗,且慢性并发症可遍及全身各重要器官,病人多会出现焦虑不安、恐惧和失望的心理。护理人员应耐心疏导病人,告诉他们糖尿病并非不治之症,合理的生活起居,良好的心理准备,配合饮食、体能锻炼及药物等综合措施可纠正代谢紊乱,消除糖尿病症状,并对预防慢性病变有一定的效果,所以要劝慰病人保持愉快心情,树立起战胜疾病的信心。

本章小结

糖尿病是一种严重危害人类身体健康的疾病,早发现、早诊断、早治疗才能降低其出现并发症的可能性和致死率。数学预测模型可提供患病风险预测信息,为诊断提供帮助,

以便更快速、有效、准确地诊断疾病,提出治疗方案。糖尿病预测模型提取人体相关的体测指标——现有的健康大数据(如年龄等)及历史医疗记录(如葡萄糖和胰岛素水平等),通过数据挖掘方式来分析不同特征对糖尿病的影响,预测观察对象是否有糖尿病,以此对高概率患糖尿病人群采取有效的预防措施。

本案例基于支持向量机算法的糖尿病预测模型来进行预测,实现流程如下:①依据现有的健康大数据(如年龄等)及历史医疗记录(如葡萄糖和胰岛素水平等),新建实验。②在对数据进行基础探索后,需要对数据进行处理,即需要将"糖尿病"一列的字符串形式数值化,同时,将"没有"和"有"转换成 0 和 1。③开始构建支持向量机模型。首先需要对预测对象的年龄、糖尿病遗传函数、身体质量指数、胰岛素、皮肤厚度、血压、血糖与糖尿病指数做相关性分析,基于预测目标的糖尿病的分类特性,选择分类算法建立模型。接着根据支持向量机算法的相关配置参数,进入模型训练,依据平台流程操作即可得出训练结果。④对模型训练并运行,之后即可查询糖尿病预测模型结果。⑤最后将观察对象实际的健康情况(是否患有糖尿病)与使用模型预测得到的结果加以对比,评估观察对象患上糖尿病概率的预测结果的准确性。

本案例首先以定性的方式找出对血糖值有较大影响的身体和环境因素,之后再利用数据挖掘技术定性分析发病率。同时,支持向量机算法在输入指标构建模型时也会综合考虑各种相关因素,通过全部指标维度的分类超平面进行分类预测,做出更有综合性的判断,从而能够更快速、有效、准确地诊断疾病,提高患者的生活质量,也为学术界和精准医疗提供了有力的技术支撑,有助于实现可循证的智慧医疗。

▶ 拓展实训

利用支持向量机算法预测糖尿病

【实训目的】

巩固支持向量机的算法原理;通过教师讲解与实践操作,学生逐渐熟悉思睿智训数据挖掘模块中的支持向量机算法,能利用其进行糖尿病患病风险预测。

【思考与练习】

1. 了解支持向量机算法的理论知识、适用场景及相关参数说明。

2. 掌握预测糖尿病的案例操作方法,理解模型含义。在本案例中,如果模型评估结果不是很理想,可以怎么调整优化呢?

第九章

基于随机森林算法的银行卡盗刷风险预测

▶ 章节目标

1.了解机器学习在银行卡盗刷风险预测中的应用。

2.了解随机森林算法的基本概念和应用。

3.掌握利用随机森林算法进行银行卡盗刷风险预测的方法。

▶ 学习重点、难点

【学习重点】

1.大数据背景下数据分析对金融业的重要作用。

2.随机森林算法的应用。

【学习难点】

1.关键因子的选取。

2.随机森林模型的构建。

▶ 本章思维导图

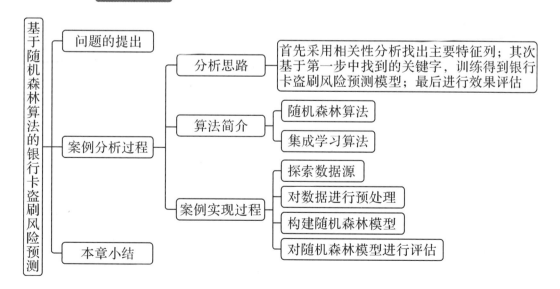

随着社会的进步与发展,人们对便捷生活的要求愈发强烈,一般等价物也由最初的贝壳发展到金银等贵金属,再发展到纸币,人们交易使用的货币越来越轻,出行与消费也越来越便捷。如今,信用卡、银行卡更是人们用于支付的重要工具。

银行卡作为新时代物联网下的重要产物,伴随其便利性而来是与之对应的支付风险,虽然就目前而言,银行业尚未出现大面积的信任危机,但这并不意味着不存在任何的风险。据欧洲 2013 年的一次统计,两天内各银行交易的 284807 笔交易中就有 492 笔被盗刷,从百分比上看盗刷比例仅为 0.172%,似乎是一个很小的数字,但是考虑到金融行业的特殊性,这实际上是一个较大的数额,对银行来说是很大的损失,对用户而言也是极大的威胁。在数字化的背景下,交易数据的生成、收集与记录都变得更加便利,数字技术的应用为预测和防范银行卡盗刷事件提供了新的方法。

第一节　随机森林算法介绍

一、随机森林算法简介

随机森林(random forest,RF)是一种新兴的、高度灵活的机器学习算法,拥有广泛的应用前景,既可以通过建模来预测市场营销活动的效果,统计客户来源、留存率和流失率,也可用来预测疾病的风险和病患者的易感性。随机森林是引导聚集算法(bootstrap aggregation,简称为 bagging)的变形,在构建决策树和 bagging 基学习器上采用随机属性选择。

对于接触过决策树的读者而言,随机森林是比较容易理解的概念。随机森林就是通过集成学习(ensemble learning)的思想将多棵树集成的一种算法,它的基本单元是决策树,而它的本质则是机器学习的一大分支——集成学习算法。随机森林的名称中有两个关键词,一个是"随机",一个是"森林"。"森林"很好理解,成百上千棵树构成的植物群落就叫做森林,这也是随机森林的主要思想——集成思想的体现。"随机"则具有两层含义:一是指随机选取样本,二是指随机选取特征。

从直观的角度来解释,每棵决策树都是一个分类器(假设现在针对的是分类问题),那么对于一个输入样本,N 棵树就会有 N 个分类结果。而随机森林集成了所有的分类投票结果,将投票次数最多的类别指定为最终的输出,这就是一种最简单的 bagging 思想。

二、随机森林算法原理

随机森林是基于 bagging 框架下的决策树模型,随机森林包含了很多树,每棵树都会给出分类结果,每棵树的生成规则如下。

第一,如果训练集大小为 N,对于每棵树而言,随机且有放回地(即可能抽到重复的样本)从训练中抽取 N 个训练样本作为该树的训练集,重复 K 次,生成 K 组训练样本集。

第二,如果每个特征的样本维度为 M,指定一个常数 $m \ll M$,随机地从 M 个特征中选取 m 个特征。

第三,利用 m 个特征让每棵树尽可能地生长,且没有剪枝的过程。

随机森林的分类算法流程如图 9-1 所示。

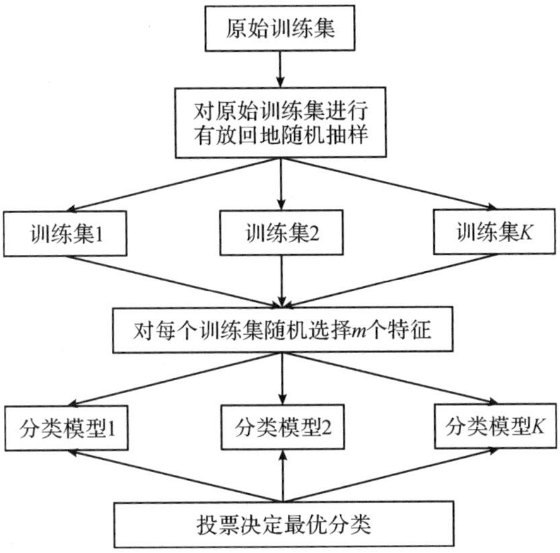

图 9-1 分类算法流程

三、集成学习算法

(一)集成学习算法

集成学习算法在当下非常流行,它本身不是一个单独的机器学习算法,而是通过在数据上构建多个模型,集成所有模型的建模结果。集成的目的是解决单个模型或者某一组参数的模型所固有的缺陷,取长补短,避免局限性。随机森林就是集成学习思想下的产物,将许多棵决策树整合成森林,用于预测最终结果。

基本上所有的机器学习领域都可以看到集成学习算法的身影,在现在的各种算法竞赛中,随机森林、梯度提升树等集成算法随处可见,反映出其效果之好、应用之广泛。

举例来说,图 9-2 为采用 3 个弱分类器的结果进行投票的示意。

	测试例1	测试例2	测试例3		测试例1	测试例2	测试例3		测试例1	测试例2	测试例3
h_1	√	√	×	h_1	√	√	×	h_1	√	√	×
h_2	×	√	√	h_2	√	√	×	h_2	×	√	×
h_3	√	×	√	h_3	√	×	×	h_3	√	×	√
集成	√	√	√	集成	√	√	×	集成	×	×	×
(1)集成提升性能				(2)集成不起作用				(3)集成其负作用			

图 9-2 采用 3 个弱分类器的结果进行投票

多个学习器产生的结果需进行合并处理,最常用的就是投票法结合策略,主要有以下几种方式。

1.绝对多数投票法

若某标记得票过半数,则预测结果为该标记,否则拒绝预测。

2.相对多数投票法

预测结果为得票最多的标记,若同时有多个标记获得最高票,则随机选取一个作为结果。

3.加权投票法

对每个学习器的结果进行加权,最终将各个类别的加权票数求和,最大的值对应的类别为最终类别。

(二)自助法与 bagging

自助法(bootstrap)的名称来源于一部文学作品——《吹牛大王历险记》,这个作品中的主人公冯·明希豪森男爵用提着自己辫子的方法把自己拉出了泥潭。因此采用意译的方式,叫做自助法。自助法顾名思义是这样一种方法:即从样本自身中再生成很多可用的同等规模的新样本,从自身样本中产生和自己类似的样本,所以叫做"自助",即不借助其他样本数据。

bagging 的基本步骤如下。

第一,从原始样本集中抽取训练集。每轮从原始样本集中使用自助法:它是一种有放回的抽样方法,抽取 n 个训练样本,共进行 K 轮抽取,得到 K 个训练集(K 个训练集之间是相互独立的)。

第二,每次使用一个训练集得到一个模型,K 个训练集共得到 K 个模型(根据具体问题采用不同模型算法,如逻辑回归、决策树、感知器等)。

第三,将上步得到的 K 个模型采用投票的方式得到分类结果。

(三)决策树与随机森林

决策树用树的结构来构建分类模型,每个节点代表着一个属性,根据这个属性的划分,进入这个节点的子节点,直至叶节点,每个叶节点都表征一定的类别,从而达到分类的目的。

常用的决策树算法有 ID4、C4.5、CART 等。在生成树的过程中,需要选择用哪个特征进行剖分,一般来说,选取的原则是:分开后有利于最大限度地提升纯度,可以用信息增益、增益率及基尼系数等指标来衡量。如果是一棵树的话,为了避免过拟合,还要进行剪枝,取消那些可能会导致验证集误差增大的节点。

随机森林是利用多个决策树对样本进行训练、分类并预测的一种算法,主要应用于回归和分类场景。随机森林中"随机"是核心,随机地选择样本、特征,降低了决策树之间的相关性。之前我们提到,随机森林中的"随机"主要有两层意思:一是随机在原始训练数据中有放回地选取等量的数据作为训练样本;二是在建立决策树时,随机地在特征中选取一部分特征建立决策树。这两种"随机"使得各个决策树之间的相关性小,能够进一步提高模型的准确性。

由此可见,随机森林算法可以表示如下

$$随机森林算法=决策树算法+bagging$$

四、随机森林算法在商业活动中的应用

(一)中小企业信用风险评估

银行可以较为方便地收集到企业的相关信息,如企业类别、行业门类、增值税、企业所得税、印花税等企业属性信息。随机森林算法对于这种高纬度、非线性、大样本数据有着较强的处理能力和较强的分类精度,具有较好的预测效果。建立一套高效准确的信用风险评估模型,不仅可以助力银行降低风险,也可以减少贷款渠道的审核时间,为贷款企业提供更加及时的贷款帮助,为那些急需资金周转以发展生产的中小企业解决其经费短缺与启动资金不足的难题。

(二)职位薪酬预测

随着互联网的迅速发展和普及,网络招聘基本取代了传统的招聘形式,成为招聘者和求职者的首选方式。网络招聘具有信息量大、不受时空限制、招聘成本低、便捷高效等优点;但也因信息量的激增和信息难以核实带来了信息爆炸、信息过剩、信息失真、薪水不透明等问题。因此,如何从琳琅满目的数据中提取有价值的信息成为关键。若能通过某些方式了解到本行业中类似岗位的薪资范围,就能对目前岗位的薪资是否合理有个初步的判断,对未知薪资的岗位也可以有一个预判。模型在薪资预测中产生的误差较小、效果较好,预测结果既能更好地帮助求职者选择更适合自己的职位并判断职位薪资的合理性,也能帮助招聘者设置合理的岗位薪资,招聘到适合的人才。

第二节　问题的提出

一、问题设计

某银行拟通过机器学习算法对客户交易的信息进行数据分析,构建信用卡防欺诈预测模型,以预判客户信用卡被盗刷的风险并加强防范,从而减少银行卡被盗刷的现象。由此可见,数据分析对金融行业有重要的作用。

表 9-1 为该银行提供的数据源的部分预览,整份数据合计 31 个字段,284807 条记录,此处仅列示部分字段与记录,用于观察数据。

表 9-1　数据源预览

Time	V1	V2	……	V28	Amount	Class
0	−1.35981	−0.07278	……	−0.02105	149.62	0
0	1.191857	0.266151	……	0.014724	2.69	0
1	−1.35835	−1.34016	……	−0.05975	378.66	0
1	−0.96627	−0.18523	……	0.061458	123.5	0
2	−1.15823	0.877737	……	0.215153	69.99	0
2	−0.42597	0.960523	……	0.08108	3.67	0
4	1.229658	0.141004	……	0.005168	4.99	0
7	−0.64427	1.417964	……	−1.08534	40.8	0
7	−0.89429	0.286157	……	0.142404	93.2	0
9	−0.33826	1.119593	……	0.083076	3.68	0

二、解决思路

数据集中所包含的是欧洲持卡人两天内信用卡的交易数据,这份数据包含了很多维度,而利用这份数据需要解决的问题是预测持卡人是否会发生信用卡被盗刷的事件。信用卡是否被盗刷仅有两种可能性——是或否,根据该数据集已经完成的标注("Class"字段为目标列),说明本案例为一个有监督学习的场景。

对案例中需要预测的问题——信用卡持卡人是否被盗刷,可判断其为二分类问题,意味着可以通过分类算法找到解决方案,在本案例中选用随机森林算法。整个分析步骤大致可分为三步。

第一,寻找关键因子。采用相关性分析找出主要特征列。

第二,构建预测模型。基于第一步中找到的关键字,训练得到银行卡盗刷风险预测模型,用于预测潜在的银行卡盗刷风险。

第三,效果评估。根据银行卡消费实际的情况与预测得到的结果,评估银行卡盗刷风险模型的性能。

第三节　基于随机森林算法进行银行卡盗刷风险预测

一、探索数据源

数据集包含由欧洲持卡人在某时间段内使用信用卡进行支付的数据,如图 9-3 所示。此数据集显示了两天内发生的交易数据,其中 284807 笔交易中有 492 笔被盗刷,被盗刷的数量占总交易记录的 0.172%。

# Time	# V1	# V2	# V3	# V4	# V5
0.0	-1.3598071337	-0.0727811733	2.5363467379999998	1.3781552243	-0.3383207699
0.0	1.1918571113	0.2661507121	0.16648011340000002	0.4481540785	0.0600176493
1.0	-1.3583540616	-1.3401630747	1.7732093426	0.379779593	-0.503198133300000
1.0	-0.9662717116	-0.1852260081	1.7929933396000002	-0.863291275	-0.010308879600000
2.0	-1.1582330935	0.8777367548	1.5487178465	0.403033934	-0.4071933773
2.0	-0.4259658844	0.9605230449000001	1.1411093423	-0.1682520798	0.4209868808
4.0	1.2296576345	0.141003507	0.045370773600000004	1.2026127367	0.1918809886
7.0	-0.6442694423	1.4179635455000001	1.0743803764	-0.4921990185000003	0.9489340948
7.0	-0.8942860822	0.2861571963	-0.1131922127	-0.2715261301	2.6695986596

当前显示 100 条 / 总共有 284807 条数据　提示点击单元格可查看超出的内容

注意:表头中✓表示特征列,*表示标签列　　　　　表头真名 ⚫ 表头别名

图 9-3　数据源

该数据集中包含通过 PCA(principal component analysis,主成分分析)算法转换结果的数字,此类数字作为输入变量。由于数据保密,无法获取有关数据的原始功能和更多的

项目背景信息,故只能使用"V1""V2"等名称替代详细信息。

特征列"V1""V2"……"V28"是使用 PCA 算法获取得到的主要属性,而"Time"与"Amount"字段,即"时间"与"金额"字段没有用 PCA 转换特征,"Class"列为标签列,含义为"是否发生盗刷",0 表示未发生,1 表示已发生,详见表 9-2。

表 9-2　源数据字段对应关系一览

字段名称	字段详解	字段类型
Time	时间(单位为秒)	数值型
V1～V28	PCA 转换后的特征列	数值型
Amount	支付金额	数值型
Class	是否发生盗刷	数值型

观察可知,V1～V28 的特征列经过特征处理后数据类型统一,且彼此之间数据相差不大;而 Time 字段中的最大值为 172792,172792/3600≈47.9,近似等于 48 小时,即两天,因此判断该属性单位为秒。

首先将本实训用到的数据导入"关系数据源"中,然后新建实验,保存之后从左边数据源中拖拽"关系数据源"到中间"画布区",并在右边参数区根据自己上传数据的对应路径找到数据表,如图 9-4 所示。

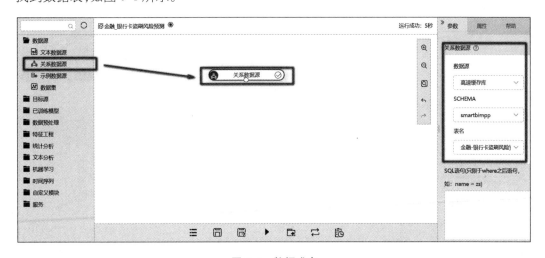

图 9-4　数据准备

导入后,在"关系数据源"节点单击鼠标右键,选择查看输出,即可查看本数据源详细数据,如图 9-5 所示。

⏱当前显示 100 条 / 总共有 284807 条数据　提示:点击单元格可查看超出的内容							×
# Time	A~ V1	A~ V2	A~ V3	A~ V4	A~ V5	A~ V6	A~ V7
0	-1.3598071336738	-0.0727811733098497	2.53634673796914	1.37815522427443	-0.3383320769942518	0.462387777762292	0.239598554061
0	1.19185711131486	0.26615071205963	0.16648011335321	0.448154078460911	0.0600176492822243	-0.0823608088155687	-0.078802983332
1	-1.35835406159823	-1.34016307473609	1.77320934263119	0.379779593034328	-0.503198133318193	1.80049938079263	0.791460956450
1	-0.966271711572087	-0.185226008082898	1.79299333957872	-0.863291275036453	-0.0103088796030823	1.24720316752486	0.23760893977
2	-1.15823309349523	0.877736754848451	1.548717846511	0.403033933955121	-0.407193377311653	0.0959214624684256	0.592940745385
2	-0.425965884412454	0.960523044882985	1.14110934232219	-0.168252079760302	0.42098688077219	-0.0297275516639742	0.476200948720
4	1.22965763450793	0.141003507049326	0.0453707735899449	1.20261273673594	0.191880988597645	0.272708122899098	-0.005159002882
7	-0.644269442348146	1.41796354547385	1.0743803763556	-0.492199018495015	0.948934094764157	0.428118462833089	1.12063135838
7	-0.89428608220282	0.286157196276544	-0.113192212729871	-0.271526130088604	2.6695986595986	3.72181806112751	0.370145127676
9	-0.33826175242575	1.11959337641566	1.04436655157316	-0.222187276738296	0.49936080649727	-0.24676110061991	0.651583206489
10	1.44904378114715	-1.17633882535966	0.913859832832795	-1.37566665499943	-1.97138316545323	-0.62915213889734	-1.4232356010
10	0.38497821518095	0.616109459176472	-0.874299702595052	-0.0940186259679115	2.92458437838817	3.31702716826156	0.470454671805
10	1.249998742053	-1.221636808921816	0.38393015128221	-1.23489868766892	-1.48541947377961	-0.7532301654566149	-0.689404975420
11	1.0693735878819	0.287722129331455	0.828612726634281	2.71252042961718	-0.178398016248009	0.337543730282968	-0.096716861739

注意: 表头中◆表示特征列, *表示标签列　　　　　　　　　　　表头真名 ⬤ 表头别名

图 9-5　查看详细数据

二、对数据进行预处理

(一)相关性分析

案例中对银行卡是否盗刷影响不大的因子可以将其去除,以提高模型训练的效率。在此处拖拽相关性分析来找出对于标签列影响较弱的特征因子,如图 9-6 所示。

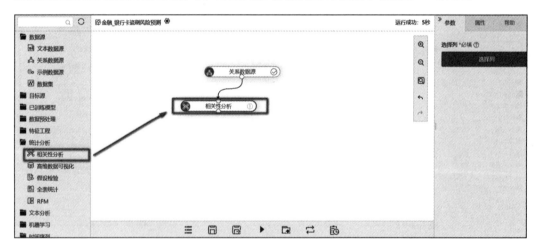

图 9-6　相关性分析

点击参数区的选择列,进行相关性分析的参数设置,将所有字段选择到右边进行分析,如图 9-7 所示。

图 9-7 选择列

运行成功之后,单击鼠标右键选择"相关性分析"查看分析结果,如图 9-8 所示,此处将值小于 0.05 的作为不重要因子。

Class	-0.01	0.10	0.09	0.19	0.13	-0.09	-0.04	-0.19	0.02	0.10	-0.22	0.15	-0.26	-0.00	0.30	-0.00	0.20	-0.33	0.11	0.03
Amount	-0.01	-0.23	-0.53	-0.21	0.10	-0.39	0.22	0.40	-0.10	0.04	-0.10	0.00	-0.01	0.01	0.03	-0.00	-0.00	0.01	0.04	-0.06
V28	-0.01	-0.00	0.00	0.00	-0.00	-0.00	-0.00	-0.00	0.00	-0.00	0.00	0.00	0.00	-0.00	0.00	-0.00	-0.00	0.00	0.00	0.00
V27	-0.01	-0.00	0.00	0.00	-0.00	-0.00	-0.00	-0.00	0.00	-0.00	0.00	0.00	0.00	-0.00	0.00	-0.00	-0.00	0.00	0.00	0.00
V26	-0.04	-0.00	0.00	0.00	-0.00	-0.00	-0.00	-0.00	0.00	-0.00	0.00	0.00	0.00	-0.00	0.00	-0.00	-0.00	0.00	0.00	0.00
V25	-0.23	-0.00	-0.00	0.00	-0.00	-0.00	-0.00	-0.00	0.00	-0.00	0.00	0.00	0.00	-0.00	0.00	-0.00	-0.00	0.00	0.00	0.00
V24	-0.02	-0.00	-0.00	0.00	-0.00	-0.00	-0.00	-0.00	0.00	-0.00	0.00	0.00	0.00	-0.00	0.00	-0.00	-0.00	0.00	0.00	0.00
V23	0.05	-0.00	-0.00	0.00	-0.00	-0.00	-0.00	-0.00	0.00	-0.00	0.00	0.00	0.00	-0.00	0.00	-0.00	-0.00	0.00	0.00	0.00
V22	0.14	-0.00	-0.00	0.00	-0.00	-0.00	-0.00	-0.00	0.00	-0.00	0.00	0.00	0.00	-0.00	0.00	-0.00	-0.00	0.00	0.00	0.00
V21	0.04	-0.00	-0.00	0.00	-0.00	-0.00	-0.00	-0.00	0.00	-0.00	0.00	0.00	0.00	-0.00	0.00	-0.00	-0.00	0.00	0.00	0.00
V20	-0.05	-0.00	-0.00	0.00	-0.00	-0.00	-0.00	-0.00	0.00	-0.00	0.00	0.00	0.00	-0.00	0.00	-0.00	-0.00	0.00	0.00	0.00
V19	0.03	-0.00	-0.00	0.00	-0.00	-0.00	-0.00	-0.00	0.00	-0.00	0.00	0.00	0.00	-0.00	0.00	-0.00	-0.00	-0.00	-0.00	1.00
V18	0.09	-0.00	-0.00	0.00	-0.00	-0.00	-0.00	-0.00	0.00	-0.00	0.00	0.00	0.00	-0.00	0.00	-0.00	-0.00	1.00	0.00	-0.00
V17	0.07	-0.00	-0.00	0.00	-0.00	-0.00	-0.00	-0.00	0.00	-0.00	0.00	0.00	0.00	-0.00	0.00	-0.00	1.00	0.00	-0.00	-0.00
V16	0.01	-0.00	-0.00	0.00	-0.00	-0.00	-0.00	-0.00	0.00	-0.00	0.00	0.00	0.00	-0.00	0.00	1.00	0.00	-0.00	0.00	0.00

图 9-8 相关性分析结果

由分析结果可知"Time""V6""V8""V13""V15""V19～V28""Amount"为弱影响特征因子,在后续的特征选择中应去除这些弱影响特征,最终仅保留 14 个特征列。

(二)特征选择

添加"随机森林特征选择"节点,点击"选择特征列",将上一步中已经筛选出的 14 个强相关性的特征选择到右边,标签列设置为"Class",并将"需选择的特征数量"设置为 14,如图 9-9 所示。

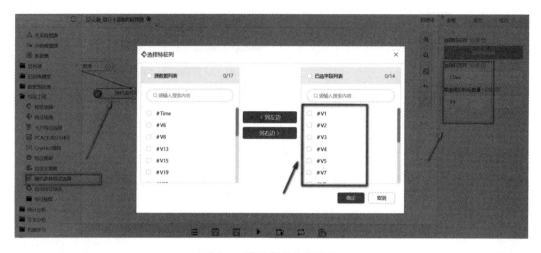

图 9-9　随机森林特征选择

三、构建随机森林模型

"随机森林"算法节点需要进行训练与验证,所以需要先进行数据的拆分,将数据集拆分为训练集与测试集。添加"拆分"节点,参数设置如图 9-10 所示,确定之后执行。

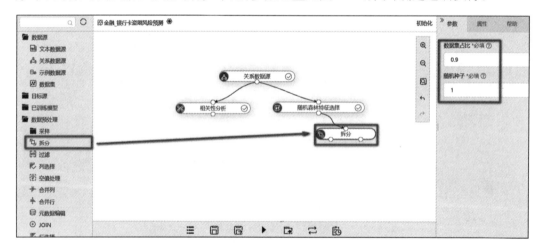

图 9-10　添加"拆分"节点

运行完成后,添加随机森林算法用于训练数据,拖拽"机器学习"-"分类算法"下的"随机森林"到画布区,参数设置保持默认值,如图 9-11 所示。

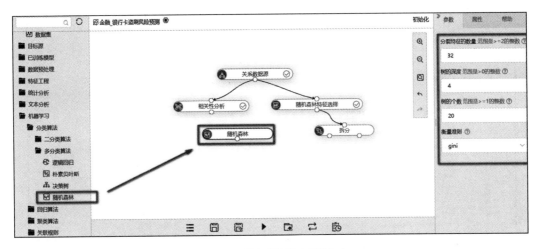

图 9-11　添加"随机森林"节点

选择"机器学习"中的"训练"节点到画布区,训练方法是随机森林,然后对训练结果进行预测,拖拽同样在"机器学习"下的"预测"节点,同时引入拆分后的数据集进行预测,建立如图 9-12 所示的关联。

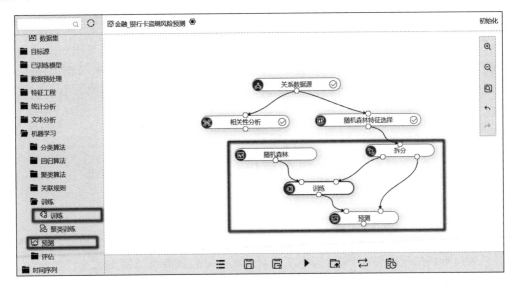

图 9-12　模型训练

四、对随机森林模型进行评估

运行完成之后,添加"评估"节点,对模型的性能与准确率进行评估。拖拽"机器学习"下的"评估"节点到画布区,运行完成后单击鼠标右键查看评估结果,如图 9-13 所示,可以看到模型准确率为 99.94%,模型预测准确率极高。

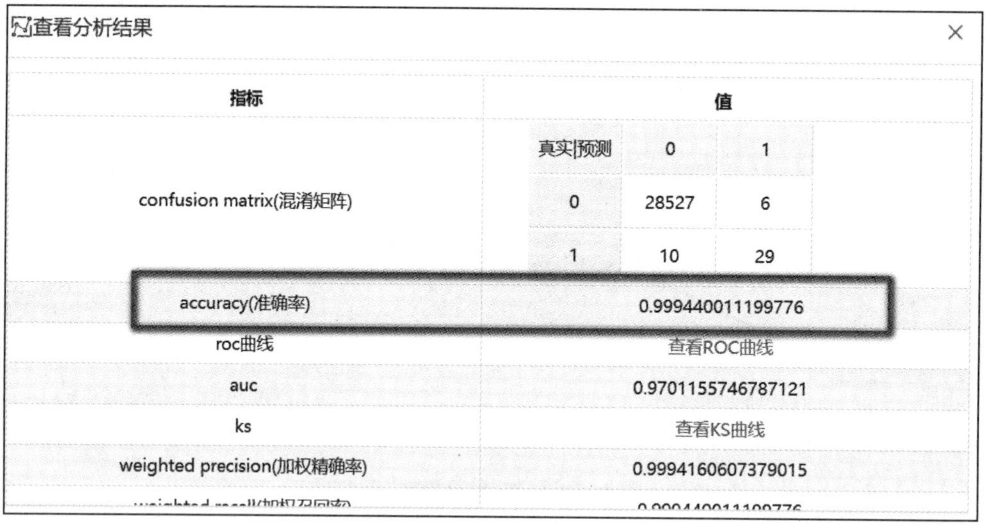

图 9-13　模型训练结果

通过实验结果可以看出,本次预测有 28527 个实际归属为 0 的实例被预测为 0,有 6 个实际归属为 0 的实例被错误预测为 1。结合 0 与 1 所代表的实际含义,可以对混淆矩阵做如下解读:有 6 笔实际上没有盗刷风险的交易因模型的误判,被判定为有盗刷风险,银行会根据这个结果对与此 6 笔交易相关的银行卡做出限制消费金额,甚至限制交易等处理,因而可能给持卡用户的正常使用造成不便。如果对此模型的训练结果不满意,可以通过修改模型的参数来调整模型的召回率,经过不断地调整优化来找到能够满足需求的参数。

本章小结

随着互联网和社交媒体的快速发展,现代人的生活节奏越来越快,人们对便捷生活的追求也越来越高。其中,网络移动支付方式就是网络便捷性的一大体现。然而,我们在享受互联网带给我们极大便利的同时,也要看到互联网时代所带来的网络风险。如今,人们图出行方便,信用卡、银行卡及与银行卡绑定的移动支付方式几乎覆盖了人们日常支付的大部分场景。银行卡作为新时代物联网下的重要产物,在为人们带来便利性的同时也存在一定的支付风险。虽然目前阶段,银行尚未出现大面积的信任危机,但这并不意味着不存在任何的风险与危机。

本案例旨在判断客户信用卡是否存在被盗刷的风险,具体实现流程如下:①将持卡人两天内信用卡的交易数据导入关系数据源,共计 31 个字段,284807 条记录,该数据包括利用 PCA 算法转换后的数字,将此类数字作为输入变量。由于数据保密,无法获取有关数据的原始功能和更多的项目背景信息,因此使用"V1""V2"等名称替代详细信息。②为提高模型训练的效率,通过相关性分析后进行参数设置,去除对银行卡是否存在盗刷风险影响不大的因子。③依据平台节点操作开始构建随机森林模型,运行成功后,添加"评估"

节点,即可得到模型性能与准确率的评估结果,模型准确率为 99.94%,模型预测准确率极高。如果对此模型的训练结果不满意,也可以通过修改模型的参数来调整模型的召回率,通过不断地调整优化来找到能够满足需求的参数。

通过实验结果可以看出,本次预测有 28527 个实际归属为 0 的实例被预测为 0,有 6 个实际归属为 0 的实例被错误预测为 1。结合 0 与 1 所代表的实际含义,可以得知有 6 笔实际上没有盗刷风险的交易因模型的误判,被判定为有盗刷风险,银行则会根据这个结果对与此 6 笔交易相关的银行卡进行限制消费金额,甚至限制交易等处理。总的来说,本案例通过数据建模预测后发现模型准确率尚可,但仍有优化空间。随着数据量的增加,准确率和召回率也会随之变化。在数字化的时代背景下,大数据技术能够有效防范金融风险,因此,目前使用信用卡、银行卡及移动支付方式消费总体来说都是比较安全的。

> **拓展实训**

某银行银行卡盗刷风险预测

【实训目的】

巩固随机森林的算法原理;通过教师讲解与实践操作,学生逐渐熟悉思睿智训数据挖掘模块中的随机森林算法,能利用其进行某银行银行卡盗刷风险预测。

【思考与练习】

1. 了解随机森林算法的理论知识、适用场景及相关参数说明。

2. 学习随机森林算法的原理,掌握银行卡盗刷风险预测案例的操作方法,理解模型的含义。

第十章

基于聚类算法的企业信息聚类分析

> ## 章节目标

1. 了解数据挖掘在企业信息管理中的应用。
2. 了解聚类算法的基本概念和应用方法。
3. 掌握利用聚类算法辅助企业进行信息聚类分析的操作流程。

> ## 学习重点、难点

【学习重点】

1. 大数据背景下产品生命周期的管理。
2. 聚类算法的应用。

【学习难点】

1. 构建 k-means 模型。
2. 基于 k-means 模型进行分类。

> ## 本章思维导图

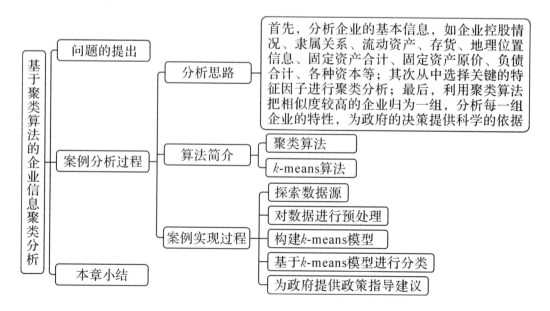

随着信息化建设的不断发展和电子政务建设在我国的深入推进,各政府部门开始致力于在政府信息资源的开发及应用上打破传统各部门间"条块分割"的"信息孤岛"的现象,以此来提高政府部门的服务水平与监管力度,这也是我国今后电子政务建设与规划的重要内容之一。随着经济的发展和企业基础信息应用领域的不断扩展,企业基础信息库的信息量不断增加。传统的知识挖掘方式难以应对海量的企业基础信息发展趋势,难以满足政务决策对政策时效性的要求。为进一步发展和开拓企业基础信息应用,方便科学决策和政策制定,为建设和谐社会做贡献,就需要大胆地探索智能化、自动化、动态化的知识挖掘模式,以适应新的机遇和挑战。

对企业的资产结构、财务及经营状况等信息进行分析,不仅可以判断企业的发展状况,也方便与其他企业进行对比,找出自己企业存在的问题,还可以帮助政府了解企业的发展运营状况,对不同情况的企业采取不同的帮助扶持政策。

第一节　聚类算法介绍

一、聚类算法简介

聚类是一种重要的数据分析技术,它通过搜索并识别一个有限的种类集合来对数据进行深入描述,可用于从海量数据中寻找隐藏的数据规律、分布情况和模式。聚类的描述对象可用一组特定的特性值来表达,具体的特性值可以是文字、数值或两者的混合。对于一个给定的 n 个对象的集合,将其划分为 k 个聚类的可能方式为

$$N(n,k) = \frac{1}{k}! \sum_{j=0}^{k} (-1)^j \binom{k}{j} (k-j)^n$$

因此,n 个对象划为 k 个聚类所有可能的聚类划分数目为

$$\sum_{k=1}^{n} N(n,k)$$

将有 25 个对象的集合划分为 5 个聚类,则所有可能的划分数目为

$$N(25,5) = 243668497411051$$

因此,聚类是非常复杂的,同样的数据应用不同的聚类算法,得到的结果是完全不一样的,而且聚类的定义通常是相对的。对同一组对象有不同的聚类方式,相同的数据相异的聚类算法很可能对应的是不同的应用场景。这种非唯一性存在的原因主要有以下几个方面。

一是对象属性选择的不同。对象属性组的选择将会不同程度地影响最终的聚类结果。

二是颗粒度大小选择的不同。颗粒度大小选择的不同在层次聚类中的表现尤为明显。

三是人们主观选择的不同。人们对数据选择的倾向性也将会影响聚类的结果。

因此,没有最好的聚类方法,只有相比较而言更好的聚类方法。聚类分析只有面对具

体的聚类条件时,才有一定的现实意义,聚类方法总是面向具体实际来应用的。一个好的聚类算法会产生高质量的聚类结果,即高类内相似度和低类间相似度。

目前,聚类算法有 1000 多种。有的算法相对来说比较通用,在很多领域都可以用;而有的算法应用对象比较单一,在某一领域的挖掘效果较好。聚类算法主要可以分为以下几类。

(一)划分聚类

划分聚类算法是一种基于原型的聚类方法。该算法首先是从数据集中随机地选择若干个对象作为聚类的原型,然后将其他对象分配到由原型所代表的最相似,也就是距离最近的类中。划分聚类算法一般需要一种迭代控制策略,对原型不断地进行调整,从而使得整个聚类得到优化。k-means 算法属于比较典型通用的划分算法。

总体来说,k-means 是一种基于距离的聚类算法,它将所有数据归类到其最邻近的中心。它适用于对球形簇分布的数据进行聚类分析,其可应用于客户细分、市场细分等分析场景。用户在使用时需要指定聚类个数。

(二)层次聚类

层次聚类对给定数据集进行层次的分解。根据层次分解的形成过程,可以将层次聚类方法分为凝聚的或分裂的方法。凝聚的方法,也被称为自底向上的方法,一开始将每个对象作为单独的一个组,然后按照一定的方法合并相近的对象或组,直到所有的组合并为层次的最上层,或者达到某一个给定的终止条件。分裂的方法,也被称为自顶向下的方法,一开始将所有对象置于一个簇中,然后一步步迭代,直到每个对象在单独的一个簇中,满足迭代条件的聚类结果不再变化,或达到某一个给定的终止条件。

(三)密度聚类

该算法以数据集在空间分布上的稠密程度为依据进行聚类,无须预先测定簇的数量。其主要目标是寻找被低密度区域分离的高密度区域。各种密度聚类算法的差异主要在于如何定义低密度区和高密度区。以欧氏空间(即一个具有内积的实数向量的空间)为例:假定在此空间处处都标明相应的密度,如果密度高于某个阈值就被认为是高密度区,反之则被称为低密度区。最后,高密度区的部分被低密度区所分离,这是 GDBSCAN(gravity-orientated density-based spatial clustering of applications with noise,具有噪声的引力导向的基于密度的聚类算法)和 DBSCAN(density-based spatial clustering of applications with noise,具有噪声的基于密度的聚类算法)的主要思想,但应用范围有局限性,仅适用于有限的离散点的集合。

(四)模糊聚类

模糊聚类将每个数据点与每个聚类之间用隶属度来表示,而不是让每个点仅从属于一个聚类。它的合理性在于有些数据点可能被一致地划分到多个聚类中。聚类是一个典型的模糊聚类,它用模糊原理的方法,将每一个数据点按照一定的模糊隶属度隶归于某一类。这一聚类技术是对传统聚类技术的改进,它可以把散布在多维空间的数据点划分到具有特定数目的不同的类中。

除了上述主要的几类聚类算法外,还有网格法、图形法、混合聚类法、神经网络法及半监督聚类法。这样被分类的算法相互间是有交叉的,每种分类又包括多种算法,这些算法同时又包含多种类型的算法思想。有些算法彼此相互渗透,这也是未来聚类算法的一种发展趋势。单个算法由于本身的局限性已经不能满足用户的需求,算法的有效整合才能适应未来海量数据的挖掘需求。

二、聚类算法的应用

聚类算法在许多实际问题中都有应用,下面是一些具体的例子,按聚类目的是理解数据自然结构还是用于数据处理来阐述。

在对世界的分析和描述中,类,或者说有意义的具有公共特性的对象组,扮演着重要的角色。人类擅长将对象划分成组(聚类),并将特定的对象指派到这些组(分类)中。例如,即使很小的孩子也能很快地将图片上的对象标记为建筑物、车辆、人、动物、植物等。就理解数据而言,簇是潜在的类,而聚类分析是研究自动发现这些类的技术。下面举例说明。

(一)生物学

生物学家花了许多年来创建生物的系统分类学(层次结构的分类):界、门、纲、目、科、属和种。聚类分析早期的大部分工作都是在寻求创建可以自动发现分类结构的数学分类方法。近年来,生物学家也开始使用聚类算法分析大量的遗传信息,例如,聚类算法已经用来发现具有类似功能的基因组。

(二)信息检索

万维网包含数以亿计的网页,网络搜索引擎可能返回数以千计的页面。可以使用聚类算法将搜索结果分成若干簇,每个簇捕获查询到的某个特定方面。例如,查询"电影"返回的网页可以分成诸如评论、电影预告片、影星和电影院等类别。每一个类别(簇)又可以划分成若干子类别(子簇),从而产生一个层次结构,帮助用户进一步探索查询结果。

(三)气候

理解地球气候需要发现大气层和海洋的模式。聚类算法已经用来发现对陆地气候具有显著影响的极地和海洋大气压力模式。

(四)心理学和医学

一种疾病或健康状况通常有多种变种,聚类算法可以用来发现这些子类别。例如,聚类算法已经用来识别不同类型的抑郁症,也可以用来检测疾病的时间和空间分布模式。

(五)商业

在商业方面,企业收集到的关于客户的大量信息可以使用聚类算法将客户划分成若干组,以便进一步分析和开展营销活动,如最有名的客户价值判断模型 RFM 就常常和聚类算法共同使用来判定客户价值评分等级。

三、k-means 算法

(一)k-means 算法详解

k-means 是聚类算法中最常用的一种,其最大的特点是简单高效,所以应用广泛。但是只能应用于连续型的数据,并且一定要在聚类前手动指定需要分成几类。

k-means 算法是一种简单的迭代型聚类算法,采用距离作为相似性指标,从而发现给定数据集中的 k 个类,且每个类的中心是根据类中所有值的均值得到的,每个类用聚类中心来描述。它的聚类目标是以欧式距离作为相似度指标,使各类的聚类平方和最小。

k-means 的基本思想是通过迭代寻找 k 个聚类,使得用这 k 个聚类的均值来代表相应各类样本时所得的总体误差最小。

具体步骤如下。

(1)从 n 个样本数据中选择 k 个对象作为初始簇中心。

(2)循环步骤(3)、(4),直到质心不再发生变化。

(3)对于每个点,将其指派给距其最近的质心,形成 k 个簇。

(4)重新计算每个簇的质心,即簇内样本均值。

k-means 算法流程如图 10-1 所示。

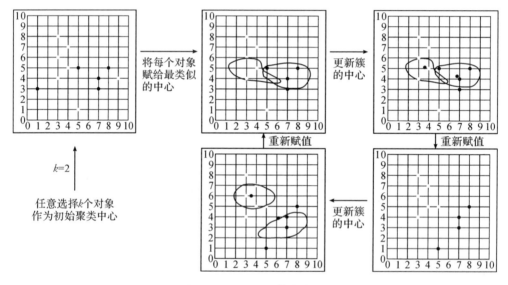

图 10-1 k-means 算法流程

(二)k-means 目标函数与质心计算

k 个初始对象的选定实际上定义了聚类算法最终形成簇的个数。聚类的主要目的是实现类内尽可能相似、类间差异尽可能大,即类内方差尽可能小、类间方差尽可能大。当进行新样本点的指派时,为保证聚类质量,采用明确的目标函数 SSE(误差平方和)度量类内方差,具体公式为

$$\text{SSE} = \sum_{i=1}^{k} \sum_{x \in C_i} (c_i - x)^2$$

其中 c_i 为簇 i 的质心。经验证,若想使簇的 SSE 达到最小,质心为簇内点的均值,即

$$c_i = \frac{1}{m_i} \sum_{x \in C_i} x$$

简单总结来说,k-means 是一种基于距离的聚类算法,它将所有数据归类到其最邻近的中心,适用于对球形簇分布的数据进行聚类分析,可应用于客户细分、市场细分等分析

场景。用户在使用时需要指定聚类个数。

第二节　问题的提出

一、问题设计

本案例研究的是深圳市企业基础信息库。将对深圳市企业基础信息数据进行挖掘，目标是根据企业基础信息库的一些基础信息对深圳市的企业进行细分，找出企业发展存在的一些内在、隐含的规律，为深圳市政府提供一些决策上的帮助，并进一步根据细分结果提出一些推动深圳市企业发展的策略。此数据包含的信息如图 10-2 所示，共有 4618 条数据。

当前显示 100 条 / 总共有 4618 条数据　提示:点击单元格可查看超出的内容

组织机构代码	企业名称	# 企业控股情况	# 隶属关系	# 流动资产合计	# 应收账款	# 存货
752547041	深圳市英泰时装有限公司	9	90	36252	11388	8346
664173262	深圳市亿铭达袋业有限公司	3	90	2132	744	0
699069385	恒泰创业玩具（深圳）有限公司	4	90	46144	15836	29635
731128542	研扬工艺品(深圳)有限公司	4	90	24788	8354	11989
74124474X	深圳市旭升包装制品有限公司	3	90	8644	6450	1982
618910444	吉田拉链(深圳)有限公司	5	90	899195	196714	374454
738807089	深圳市惠泰医疗器械有限公司	3	90	47674	3088	11515
75568456X	深圳中富电路有限公司	4	90	143837	62641	22883
672952450	深圳市豪恩电子科技股份有限公司	3	90	105431	24048	36942
727148161	深圳市秀武电子有限公司	3	90	46116	29441	15008
618808175	基达玩具(深圳)有限公司	4	90	95611	59872	22013

注意：表头中✧表示特征列，*表示标签列　　表头真名　表头别名

图 10-2　深圳市企业信息数据

二、解决思路

企业的发展是一个地方经济发展的外在体现，因此，研究一个地方企业的发展对于推动当地经济的发展有重要的意义。在挖掘方法上，选择的是数据挖掘技术中的聚类算法作为主要的研究方法。聚类算法广泛应用于客户细分领域，且取得了一系列的研究成果，企业细分在某种程度上和客户细分有相似的地方。

企业基础信息库包含了企业发展的一些基础信息，随着经济和企业本身的不断发展，企业基础信息库中的信息量越来越多，运用数据挖掘技术可以发现企业本身发展的特征和某一地区所有企业发展的整体特征，将数据转化为知识，为政府提供决策上的支持。

分析思路主要包括以下两点。

第一，分析企业的基本信息，从中选择关键的特征因子进行聚类分析。

第二，利用聚类算法把相似度较高的企业归为一组，分析每一组企业的特征，为政府的决策提供科学的依据。

第三节　基于聚类算法进行企业信息聚类

一、探索数据源

图 10-3 中的数据源包含企业控股情况、隶属关系、流动资产、存货、地理位置信息、固定资产合计、固定资产原价、负债合计、各种资本等 4618 条企业信息。根据信息聚类的概念,我们需要在多种影响因子中选择关键的特征因子进行聚类分析。这里我们选择销售净利率、资产净利率、销售毛利率、资产负债率和主营业务净利率这 5 个指标,用来做企业细分。

	# 销售净利率	# 资产净利率	A。净资产收益率	# 销售毛利率	# 资产负债率	# 主营业务净利率
跨	5.772814706	16.003734833	76.43444654	12.79404831	79.06214338	5.772814706
	0.186630472	2.13592233	null	5.001696641	50.87378641	0.186630472
乐	0.005277992	0.00837563	0.096079939	7.277295135	91.28264402	0.005277992
	-14.97692308	-7.391799544	-17.07145989	13.48846154	56.70083523	-14.97692308
	0.876273654	1.905304469	2.601106118	13.28384279	26.75022155	0.876273654
	4.046612711	3.037080813	3.483397559	25.93446905	12.81268468	4.115395179
	22.22271445	27.5320161	33.38880014	53.69246445	17.54116356	22.22271445
和	3.126204868	4.273977138	9.514988701	12.5459244	55.08163728	3.126204868
	0.737068902	1.216360693	2.489932718	13.56636212	51.14885298	0.755752602

注意:表头中◇表示特征列, *表示标签列

当前显示 100 条 / 总共有 4618 条数据　提示:点击单元格可查看超出的内容

表头真名　⬤　表头别名

图 10-3　指标选择

销售净利率是指企业实现的净利润与销售收入的对比关系,用以衡量企业在一定时期实现销售收入的能力。该指标反映能够取得的营业利润。一般指标越大,说明企业销售部门的盈利能力越强。资产净利率是企业在一定时期内的净利润和资产平均总额的比率,资产净利率越高,说明企业利用全部资产获利的能力越强。销售毛利率表示每一元销售收入扣除销售成本后,还有多少钱可以用于各项期间费用并产生盈利。资产负债率又称举债经营比率,它是用以衡量企业利用债权人提供资金进行经营活动的能力,以及反映债权人发放贷款的安全程度的指标。主营业务净利率是企业净利润与主营业务收入净额的比率。该指标越高,说明企业产品或商品定价科学,产品附加值高,营销策略得当,主营业务市场竞争力强,发展潜力大,获利水平高。

二、对数据进行预处理

(一)空值处理

空值会影响模型训练的结果,因此,为了确保关键数据中没有空值,我们要做一下数据预处理,"空值处理"节点的功能是将空值替换为均值、最大频数或者用户自定义的值等,实现空值的填充或者过滤。需将数据源中所有数值类型字段进行空值处理,如果是空

值,选择过滤掉整行数据。

通过处理空值,可得到企业聚类分析所需要的数据,总共 4617 条数据,如图 10-4 所示。

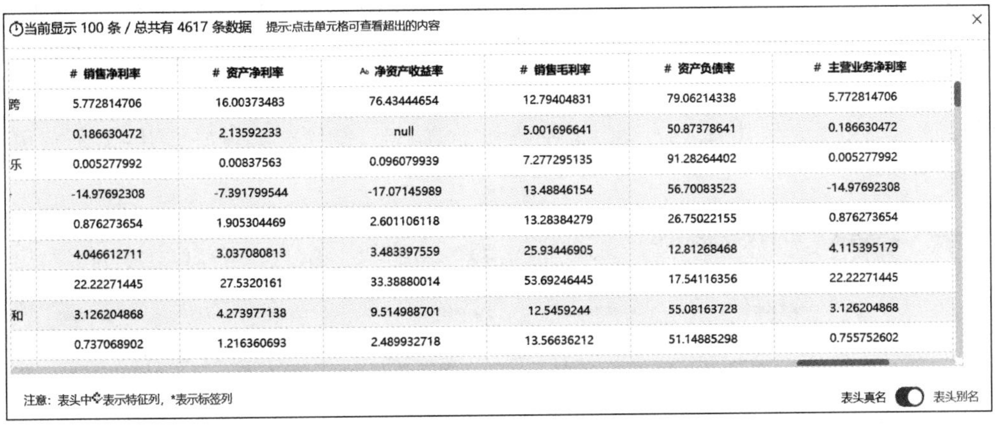

	# 销售净利率	# 资产净利率	Aₒ 净资产收益率	# 销售毛利率	# 资产负债率	# 主营业务净利率
跨	5.772814706	16.00373483	76.43444654	12.79404831	79.06214338	5.772814706
	0.186630472	2.13592233	null	5.001696641	50.87378641	0.186630472
乐	0.005277992	0.00837563	0.096079939	7.277295135	91.28264402	0.005277992
	-14.97692308	-7.391799544	-17.07145989	13.48846154	56.70083523	-14.97692308
	0.876273654	1.905304469	2.601106118	13.28384279	26.75022155	0.876273654
	4.046612711	3.037080813	3.483397559	25.93446905	12.81268468	4.115395179
	22.22271445	27.5320161	33.38880014	53.69246445	17.54116356	22.22271445
和	3.126204868	4.273977138	9.514988701	12.5459244	55.08163728	3.126204868
	0.737068902	1.216360693	2.489932718	13.56636212	51.14885298	0.755752602

注意:表头中◇表示特征列,*表示标签列　　表头真名 ⬤ 表头别名

图 10-4　空值处理后的数据

(二)选择特征列

根据企业信息,需要对企业进行细分。本案例主要考虑将深圳市企业的销售净利率、资产净利率、销售毛利率、资产负债率和主营业务净利率这 5 个指标设置为特征列,用于聚类模型训练。

三、构建 k-means 模型

添加 k-means 算法用于数据训练,以找出聚类规则。将 k 值修改为 4,迭代次数修改为 50。k 值是自己预先设定的一个值,很多情况下直接估计 k 值是很难的,可以根据结果来不断优化。

根据图 10-5 的分析结果可知,模型按照所选特征列将深圳市所有企业细分为 4 类,每一类型的企业都有着不同的特点。

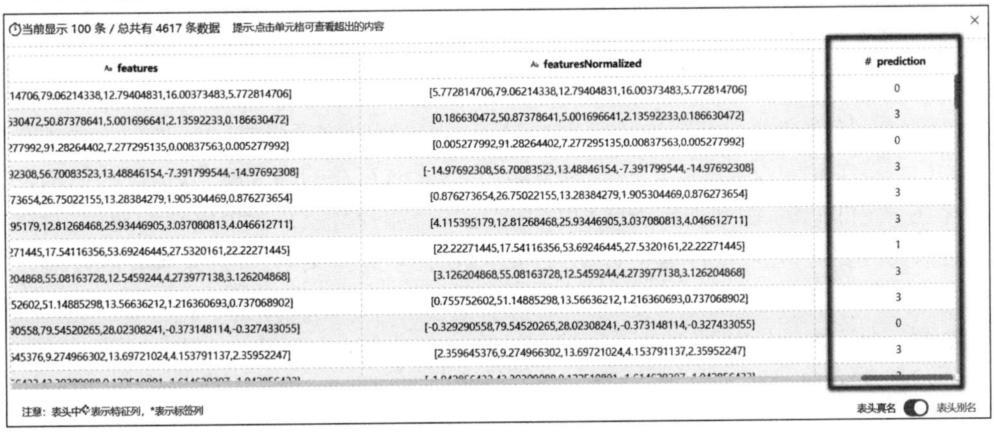

Aₒ features	Aₒ featuresNormalized	# prediction
14706,79.06214338,12.79404831,16.00373483,5.772814706]	[5.772814706,79.06214338,12.79404831,16.00373483,5.772814706]	0
630472,50.87378641,5.001696641,2.13592233,0.186630472]	[0.186630472,50.87378641,5.001696641,2.13592233,0.186630472]	3
277992,91.28264402,7.277295135,0.00837563,0.005277992]	[0.005277992,91.28264402,7.277295135,0.00837563,0.005277992]	0
92308,56.70083523,13.48846154,-7.391799544,-14.97692308]	[-14.97692308,56.70083523,13.48846154,-7.391799544,-14.97692308]	3
73654,26.75022155,13.28384279,1.905304469,0.876273654]	[0.876273654,26.75022155,13.28384279,1.905304469,0.876273654]	3
95179,12.81268468,25.93446905,3.037080813,4.046612711]	[4.115395179,12.81268468,25.93446905,3.037080813,4.046612711]	3
271445,17.54116356,53.69246445,27.5320161,22.22271445]	[22.22271445,17.54116356,53.69246445,27.5320161,22.22271445]	1
204868,55.08163728,12.5459244,4.273977138,3.126204868]	[3.126204868,55.08163728,12.5459244,4.273977138,3.126204868]	3
52602,51.14885298,13.56636212,1.216360693,0.737068902]	[0.755752602,51.14885298,13.56636212,1.216360693,0.737068902]	3
30558,79.54520265,28.02308241,-0.373148114,-0.327433055]	[-0.329290558,79.54520265,28.02308241,-0.373148114,-0.327433055]	0
345376,9.274966302,13.69721024,4.153791137,2.35952247]	[2.359645376,9.274966302,13.69721024,4.153791137,2.35952247]	3

注意:表头中◇表示特征列,*表示标签列　　表头真名 ⬤ 表头别名

图 10-5　对已有数据的分析结果

四、基于 *k*-means 模型进行分类

图 10-6 是将深圳市企业细分为 4 类的具体分类依据。

第 0 类企业共有 2435 家,该类企业盈利能力和偿债能力较差,企业经营风险很大,在后期经营中要注意调整经营方式和策略;第 1 类企业共有 477 家,盈利能力和偿债能力较好,属于经营业绩突出的企业;第 2 类企业共有 4 家,企业盈利能力和偿债能力差,属于经营不善的企业;第 3 类共有 1701 家,企业盈利能力一般,偿债能力良好,若经营不善可能引发财务危机。

A class	# 销售净利率	# 资产净利率	# 销售毛利率	# 资产负债率	# 主营业务净利率
0	-0.166802407301848	0.3365765685322383	10.413493793453393	83.77800280966326	-0.209111522787269
1	18.279337990076311	16.22225527793501	40.407221772698115	31.170657144765208	18.693851442220126
2	-36.668405032500004	-322.9103684125	-10.020277145	766.42352725	-36.8514275975
3	1.0154267244003532	2.194105031290417	13.799500404776603	39.998186958077596	0.968289486278072

# Group_prediction	# Count_组织机构代码
1	477
3	1701
2	4
0	2435

图 10-6 聚类结果

五、为政府提供政策指导建议

(一)积极推动各企业行业联盟发展,以提高各类企业的综合竞争力

针对细分后的 4 类企业,政府可以着重关注第 0 类企业,因为第 0 类企业共有 2435 家,比例较重,该类企业盈利能力和偿债能力较差,政府应该积极推动这类企业结成联盟发展。由于这类企业没有一定的核心竞争能力,缺乏对市场的应变能力,企业的结构及管理都存在一定的问题,因此如果能够积极找出这些企业及行业经营中出现的通病,对这类企业进行良性引导,在后期经营中,预防财务危机,调整经营策略,会迎来更好的发展。加强企业行业的联盟发展,不仅可以给这些经营出现困境的企业注入技术、知识等能量,还能推动各行业不断创新发展。

(二)改善融资环境

资金一直是制约企业发展的瓶颈,政府可以从以下几个方面入手改善私营企业的融资环境。

第一,政府应出台一些政策,鼓励商业银行向聚类结果中盈利能力和偿债能力较好的企业加大贷款力度,并允许一部分经营管理好、利润率高,且有较大发展前途的企业向社会发行一定数量的债券,吸收社会资金来促进企业的发展。

第二,政府应积极建立适应各类企业特点的企业信用评级体系,国有银行应增加对那些规模大、业务往来多、资质好的企业的贷款额度。

第三,政府应积极探索信贷方式的创新,加大对各类企业的信贷支持力度,有效拓宽和增加各类企业的贷款投放渠道;建立多元化的资本市场融资机制,制定并执行股票市场统一的上市标准,使具有发展潜力的企业通过股票市场更方便地直接融资。

本章小结

随着经济的发展和企业基础信息应用领域的不断扩展,企业基础信息库的信息量不断增加,传统的知识挖掘方式难以应对海量的企业基础信息发展趋势。为进一步发展和开拓企业的基础信息应用,本案例依据数据挖掘技术,依照聚类分析的基本算法,根据企业基础信息库的信息对深圳市的企业进行细分,找出企业发展存在的一些内在、隐含的规律,从而为深圳市政府提供一些决策建议,并进一步根据细分结果提出推动深圳市企业发展的相关策略。本案例中深圳市企业信息数据量大,并且具有一定的聚类特征,为更有效地挖掘数据信息,选择了相对可伸缩和高效的 k-means 算法。

本案例旨在对企业基础信息库数据进行深度挖掘和分析,具体实现步骤如下:①首先将企业的基础信息数据导入"关系数据源",包括企业控股情况、隶属关系、流动资产、存货、地理位置信息、固定资产合计、固定资产原价、负债合计、各种资本等 4618 条数据。②选取销售净利率、资产净利率、销售毛利率、资产负债率和主营业务净利率 5 个指标来进行企业细分。由于空值会影响模型训练的结果,需要将数据进行空值处理。③为找出聚类规则,需添加 k-means 算法用于数据训练,将 k 值修改为 4,迭代次数修改为 50。④基于聚类分析算法步骤,可以得到企业信息聚类结果,即深圳市企业共细分为 4 类,第 0 类企业共有 2435 家,第 1 类企业共有 477 家,第 2 类企业共有 4 家,第 3 类企业共有 1701 家。⑤最后根据企业细分结果,给出相关指导策略。

根据以上数据的分析结果和由数据反映出的一些问题,我们针对不同类别的企业为政府提供政策建议。政府应积极推动各企业行业结成联盟发展,以提高各类企业的综合竞争力。由于资金一直是制约企业发展的瓶颈,政府应致力于融资环境的改善,如政府可以积极探索信贷方式的创新,加大对各类企业的信贷支持力度,有效拓宽和增加各类企业的贷款投放渠道;建立多元化的资本市场融资机制,制定并执行股票市场统一的上市标准,使具有发展潜力的企业通过股票市场更方便地直接融资。

▶ **拓展实训**

聚类算法分析

【实训目的】

巩固聚类算法原理;通过教师讲解与实践操作,学生逐渐熟悉思睿智训数据挖掘模块中的 k-means 算法,能利用其进行企业信息分析,为企业人力资源管理部门或者政府提供合理的政策建议。

【思考与练习】

1. 了解聚类算法的理论知识、适用场景及相关参数说明。

2. 学会使用 k-means 算法,掌握企业信息聚类分析的案例操作方法,理解模型的含义。

第十一章
基于关联规则算法的消费者购物篮偏好分析

▶ 章节目标

1.了解利用关联规则算法挖掘消费者购物篮偏好的应用。

2.了解关联规则算法的基本概念和应用。

3.掌握利用关联规则算法挖掘消费者购物篮偏好的操作方法。

▶ 学习重点、难点

【学习重点】

1.大数据背景下消费者购物篮偏好营销分析。

2.Apriori 算法的应用。

【学习难点】

1.Apriori 模型的构建。

2.找出所有的频繁项集。

▶ 本章思维导图

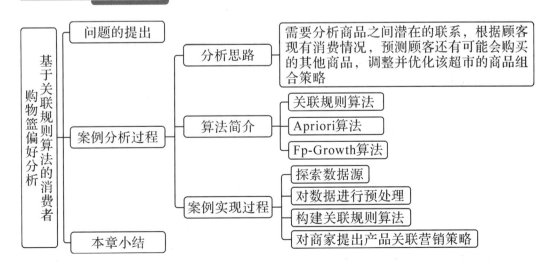

为获得最大的销售利润,商场往往都会想办法了解顾客的购买习惯和偏爱,以制定正确的营销策略。在日常购物的过程中,不同顾客往往有相似的购物特征,因此,对顾客购买的交易数据进行分析,能够了解顾客的购买特性,并根据发现的规律而采取有效的行动。只有分析商场销售商品的构成,才能发现不同类别商品的共同特征及规则,进而通过这些规则对商场的市场定位、商品定价、新商品采购等进行决策。商品的包装、价格、促销活动等均对销售起着重要作用。电子购物网站有必要根据用户习惯,对用户有意向要一起购买的商品进行捆绑销售。此外,也有一些购物网站会向顾客呈现交叉销售页面,即购买某种商品的顾客会看到相关的另外一种商品的广告。以上两种常见的商家促销手段都是在解决一个问题,即如何组合商品以进行合理布局。

第一节　关联规则介绍

一、关联规则算法简介

关联分析的前提是在大规模数据集中寻找关联关系。关联关系有两种形式,即频繁项集与关联规则,它们是两种递进的抽象形式,并且前者是后者的基础。

频繁项集是指在一个集中经常出现的项的集合,它暗示了某些事物之间总是结伴或成对出现。关联规则暗示两种物品之间可能存在很强的关系,它更关注的是事物之间的互相依赖和条件先验关系。它暗示了组内某些属性不仅共现,而且还存在明显的相关关系和因果关系。关联关系是一种更强的共现关系。

啤酒与尿布的案例是经典的关联关系的体现。通过调研超市顾客购买的商品,发现30%的顾客会同时购买啤酒与尿布;而在购买啤酒的顾客中,有80%的人也购买了尿布。这就存在一种隐含的关系:啤酒→尿布,也就是说购买了啤酒的顾客有较大概率购买尿布,因此可以将啤酒与尿布放在商场的同一位置,方便顾客购买。

关联规则的强度可以通过以下 3 个指标测算:①支持度:确定项集的频繁程度。②置信度:确定 Y 在包含 X 的事物中出现的频繁程度。③提升度:在含有 X 的条件下同时含有 Y 的可能性,与没有这个条件下项集中含有的 Y 的可能性之比。

例如,在表 11-1 中,项集指的是包含 0 个或多个项的集合,如{面包,牛奶}。

表 11-1　项集示例

TID[①]	项集
1	{面包,牛奶}
2	{面包,尿布,啤酒,鸡蛋}
3	{牛奶,尿布,啤酒,可乐}
4	{面包,牛奶,尿布,啤酒}
5	{面包,牛奶,尿布,可乐}

注:①TID 即 item ID,指事物标识。

支持度计数指的是包含特定项集的事物个数,如表中的 σ({牛奶,面包,尿布})＝2。支持度指的是包含项集的事物数与总事物数的比值,如 s({牛奶,面包,尿布})＝2/5。频繁项集指的是满足最小支持度阈值(minsup,即 minimum support)的所有项集。

那么计算{牛奶,尿布}→{啤酒}关联规则的强度如下。

支持度:$s = \sigma(牛奶,尿布,啤酒)/|T| = \dfrac{2}{5} = 0.4$

置信度:$s = \sigma\dfrac{牛奶,尿布,啤酒}{\sigma}(牛奶,尿布) = \dfrac{2}{3} \approx 0.67$

提升度:$l = \dfrac{c}{P}(Y) = \dfrac{2}{3} \div \sigma(啤酒)/|T| = \dfrac{2}{3} \div \dfrac{3}{5} = \dfrac{10}{9} \approx 1.11$

二、Apriori 算法

Apriori 算法是一种挖掘关联规则的频繁项集算法,其核心思想是通过候选集生成和向下封闭检测两个阶段来挖掘频繁项集。目标是找到最大的 k－项频繁集。这里有两层意思,首先,我们要找到符合支持度标准的频繁集,但是这样的频繁集可能有很多。第二层意思就是我们要找到最大个数的频繁集。比如我们找到符合支持度的频繁集 AB 和 ABE,那么我们会抛弃 AB,只保留 ABE,因为 AB 是 2－项频繁集,而 ABE 是 3－项频繁集。

(一)Apriori 算法原理

如果一个项集是频繁的,则它的所有子集也一定是频繁的;反之,如果一个项集是非频繁的,则它的所有超集也一定是非频繁的。基于 Apriori 的原理,一旦发现某项集是非频繁的,即可将整个包含该超集的子图剪枝。这种基于支持度度量修剪指数搜索空间的策略被称为基于支持度的剪枝。如图 11-1 所示,{A,B}若是一个非频繁项集,就代表所有包含它的超集也是非频繁的,即可将它们都剪除,框内的就是被剪枝的超集,也就是非频繁项集。

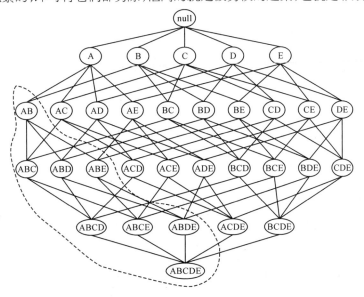

图 11-1　Apriori 算法原理

(二) Apriori算法具体步骤

(1)扫描数据库,生成候选1－项集和频繁1－项集。

(2)从2－项集开始循环,由频繁$(k-1)$－项集生成频繁k－项集。

①频繁$(k-1)$－项集两两组合,判定是否可以连接,若能则连接生成k－项集。

②对k项集中的每个项集检测其子集是否频繁,舍弃掉不是频繁项集的子集。

③扫描数据库,计算前一步中过滤后的k－项集的支持度,舍弃掉支持度小于阈值的项集,生成频繁k－项集。

(3)若当前k－项集中只有一个项集时,循环结束。

三、FP-Growth算法

Aprori算法利用频繁集的两个特性,过滤了很多无关的集合,效率提高了不少,但是我们发现Apriori算法是一个候选消除算法,每一次消除都需要扫描一次所有数据记录,使得整个算法在面临大数据集时显得无能为力。因此,有必要引入一种新的算法来挖掘频繁项集,FP-Growth算法的效率比Aprori算法高很多。

Fp-Growth算法被用于挖掘频繁项集,它把数据集存储为一个叫FP树的数据结构中,这样可以更高效地发现频繁项集或频繁项对。相比于Apriori算法对每个潜在的频繁项集都需要扫描数据集判定是否满足支持度,FP-Growth算法只需要遍历两次数据库即可,因此,它在对大数据集的处理速度上显著优于Apriori算法。

第二节　问题的提出

一、问题设计

现有天猫某超市的消费记录数据,要求根据顾客的购买情况,挖掘消费者购物时的购物篮偏好,以便优化该电商超市的营销策略及消费者满意度。此数据包含的信息如表11-2所示,共有2880条数据,此处仅列示10条。

表11-2　天猫某超市客户交易数据

id	卡号	消费额	付款方式	性别	年龄	物品
1.0	39808.0	42.7123	CHEQUE	M	46.0	鲜肉
1.0	39808.0	42.7123	CHEQUE	M	46.0	乳制品
1.0	39808.0	42.7123	CHEQUE	M	46.0	糖果
2.0	67362.0	25.3567	CASH	F	28.0	鲜肉
2.0	67362.0	25.3567	CASH	F	28.0	糖果
3.0	10872.0	20.6176	CASH	M	36.0	蔬菜罐头
3.0	10872.0	20.6176	CASH	M	36.0	冻肉

id	卡号	消费额	付款方式	性别	年龄	物品
3.0	10872.0	20.6176	CASH	M	36.0	啤酒
3.0	10872.0	20.6176	CASH	M	36.0	鱼类
4.0	26748.0	23.6883	CARD	F	26.0	乳制品

二、解决思路

电商平台购物篮是指超市内供顾客购物时使用的用于临时存放商品的篮子。当顾客付款时,这些购物篮内的商品被营业员通过收款机一一结算并记录。购物篮分析原应用于线下超市,指通过这些购物篮所显示的信息来研究顾客的购买行为,了解顾客为什么购买这些商品,用找出的关联规则来组合展示的商品,以提升销售业绩并建立竞争优势。

随着电商的高速发展,原用于实体零售的购物篮分析也被引入电商超市的运营中。电商超市在进行每一笔交易之后都会有相应的记录数据可查,以便根据顾客的消费详情挖掘出商品购买之间的关联关系,继而为超市提供合理的优化建议,以获取更多利益并建立更大的竞争优势。

分析思路主要包括以下两点。

第一,需要分析商品之间潜在的联系。顾客在选购商品时,往往在选定一个商品的同时也会购买其他商品,即被同时选购的若干商品之间存在着一定的关联。

第二,根据顾客现有消费情况,预测顾客还有可能会购买的其他商品,调整并优化该超市的商品组合策略。

第三节　基于关联规则算法进行购物篮分析

一、探索数据源

图 11-2 中的数据源共包含 7 个字段,共 2800 条记录,相当于线下零售中包含了消费者购物信息的超市购物小票。其中"id"字段为订单编号,编号具有唯一性,一个编号对应一个订单,例如"id"为"1.0"的 3 条记录为同一订单;"消费额"字段为该订单的总支付金额;"物品"字段为该订单中消费者所购买的商品名称。根据购物篮分析的概念,我们需要的信息是每个订单中的购物组合,即需要包含订单编号的"id"字段与包含购物信息的"物品"字段,而由于一个订单中的多件商品被分别存放于不同的记录中,所以需要对"物品"字段进行聚合,还原订单中原本的购买商品组合信息。"id"字段将用于分组,"物品"字段则用于挖掘频繁项集。

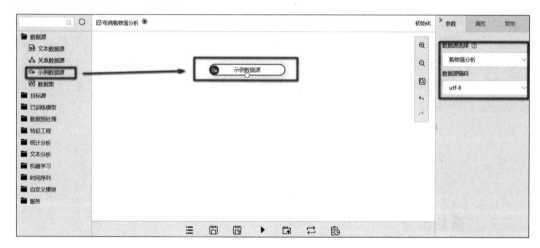

图 11-2　数据源

首先将本案例用到的数据导入"示例数据源"中,然后新建实验,保存之后从左边数据源中拖拽"示例数据源"到中间"画布区",并在右边参数区根据自己上传数据的对应路径找到数据表,如图 11-3 所示。

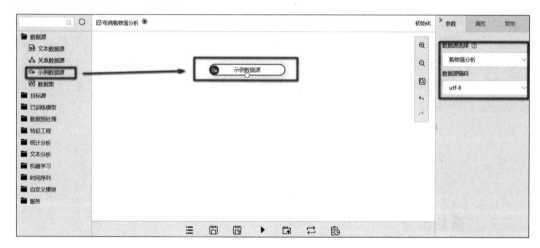

图 11-3　数据准备

执行之后,在"示例数据源"节点单击鼠标右键,选择查看输出,即可查看本数据源详细数据,如图 11-4 所示。

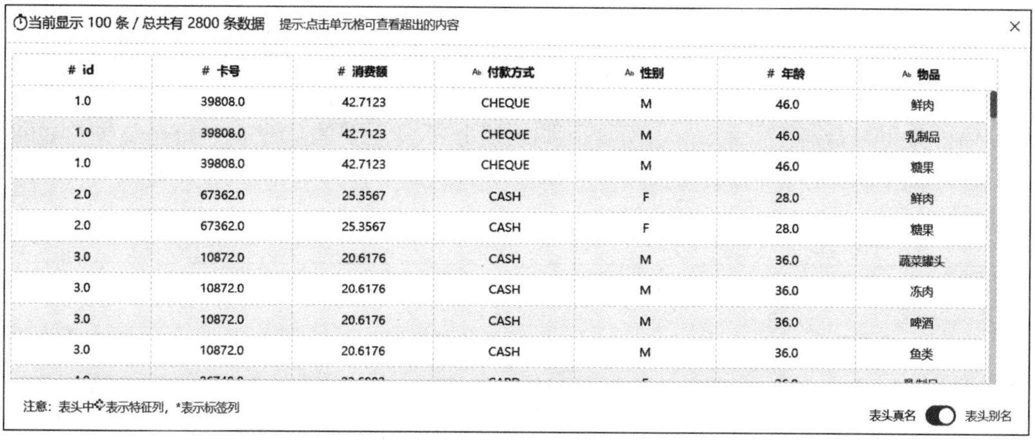

# id	# 卡号	# 消费额	付款方式	性别	# 年龄	物品
1.0	39808.0	42.7123	CHEQUE	M	46.0	鲜肉
1.0	39808.0	42.7123	CHEQUE	M	46.0	乳制品
1.0	39808.0	42.7123	CHEQUE	M	46.0	糖果
2.0	67362.0	25.3567	CASH	F	28.0	鲜肉
2.0	67362.0	25.3567	CASH	F	28.0	糖果
3.0	10872.0	20.6176	CASH	M	36.0	蔬菜罐头
3.0	10872.0	20.6176	CASH	M	36.0	冻肉
3.0	10872.0	20.6176	CASH	M	36.0	啤酒
3.0	10872.0	20.6176	CASH	M	36.0	鱼类

图 11-4　查看详细数据

二、对数据进行预处理

(一)分组聚合

分组聚合可以通过“聚合”节点实现，如图 11-5 所示，将“id”字段作为分组依据，对同一个 id 下的“物品”字段进行汇总与计数。

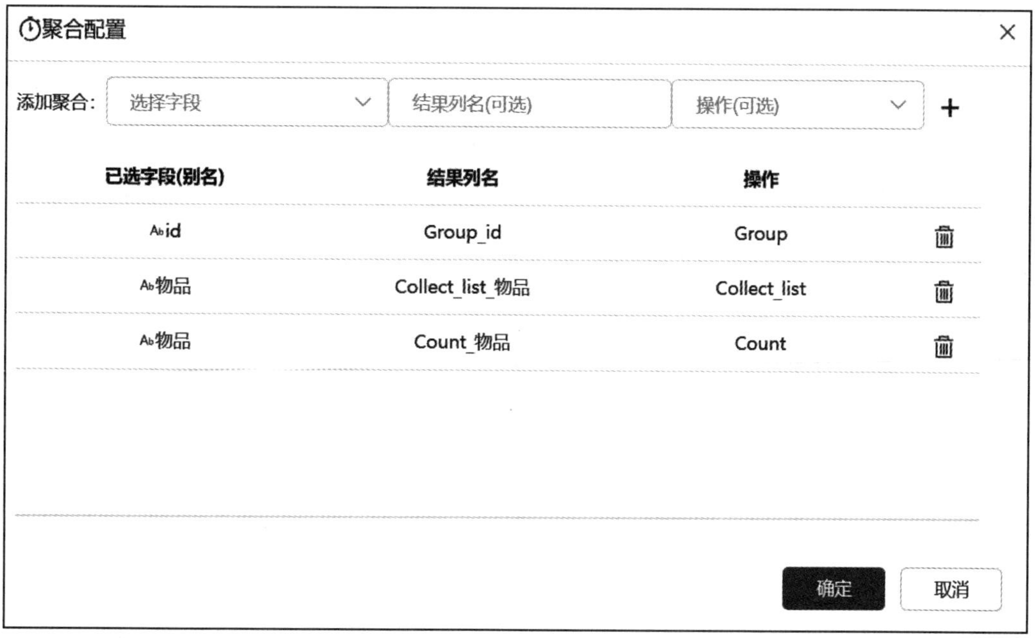

图 11-5　聚合设置

聚合结果如图 11-6 所示，将 id 为“305.0”的两条记录中“物品”字段的内容汇总并计数，形成一条新记录。新记录中，“Group_id”字段为原“id”字段；“Collect_list_物品”字段为原“物品”字段内容的汇总，即将同一订单中的分散在不同记录中的商品信息汇总到一条记录内；“Count_物品”字段为对“物品”字段的计数，意为该订单中的物品数量。

以第二条记录为例，"Group_id"字段的值为"305.0"，"Collect_list_物品"字段的值为"WrappedArray(白酒,糖果)"，"Count_物品"字段的值为2。即"305.0"号订单中购买的商品为"白酒"与"糖果"，且该订单中有2件物品。

通过分组聚合与汇总的方式，可得到购物篮分析所需要的信息——每个订单中的商品组合。根据商品组合信息，可进一步了解消费者的购买行为与偏好，找出物品之间的关联规则。

# Group_id	# Collect_list_物品	# Count_物品
299.0	WrappedArray(水果)	1
305.0	WrappedArray(白酒, 糖果)	2
692.0	WrappedArray(冻肉, 啤酒, 鱼类, 糖果)	4
720.0	WrappedArray(蔬菜罐头, 冻肉, 啤酒, 糖果)	4
147.0	WrappedArray(鲜肉, 蔬菜罐头, 肉罐头, 冻肉, 啤酒, 白酒, 糖果)	7
576.0	WrappedArray(水果, 蔬菜罐头, 肉罐头, 糖果)	4
184.0	WrappedArray(水果, 肉罐头, 鱼类)	3
170.0	WrappedArray(水果, 蔬菜罐头, 冻肉, 啤酒, 鱼类)	5
782.0	WrappedArray(水果, 啤酒, 白酒)	3

ⓘ当前显示 100 条 / 总共有 940 条数据　提示:点击单元格可查看超出的内容

图 11-6　分组聚合后的数据

(二)选择特征列

选择特征列,拖拽"特征工程"下的"特征选择"到画布区,建立关联,如图 11-7 所示。

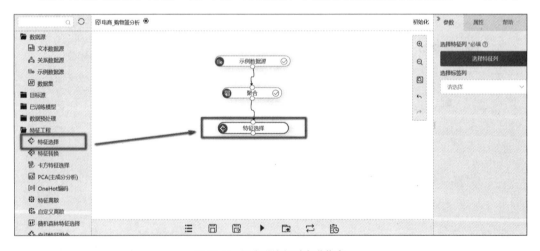

图 11-7　添加"特征选择"节点

选择物品列作为挖掘对象,将"Collect_list_物品"字段设置为特征列,该列用于挖掘频繁项集,如图 11-8 所示,确定之后执行。

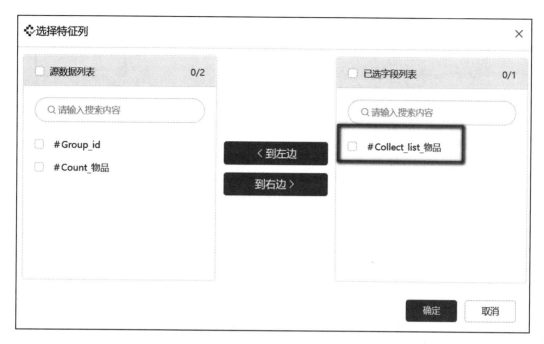

图 11-8 特征列选择

依据订单中所包含的物品种类数量是否大于 1 的原则,将数据源分成两部分,如图 11-9所示,两次拖拽行选择到画布区,并与上一节点建立关联。

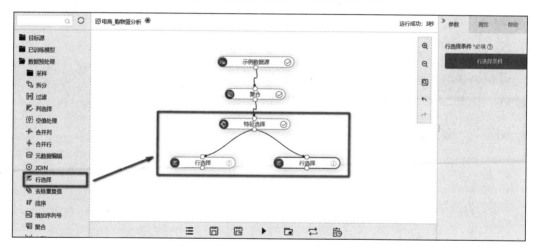

图 11-9 添加"行选择"节点

依次点击右侧参数区,修改行选择别名为 Count>1,Count=1,如图 11-10 所示。

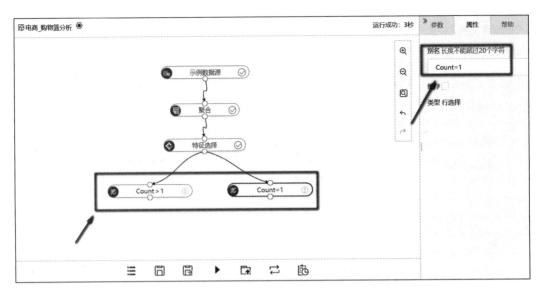

图 11-10　修改行别名

Count＞1 节点意味着订单中至少有两种种类的商品,勾选"根据条件筛选",行选择条件设置为"Count_物品＞1",点击"＋"号,将其用于训练模型;Count＝1 意味着该订单只购买了一种商品,勾选"根据条件筛选",点击"＋"号,行选择条件设置为"Count_物品＝1",将其用于预测数据,具体设置如图 11-11、图 11-12 所示。

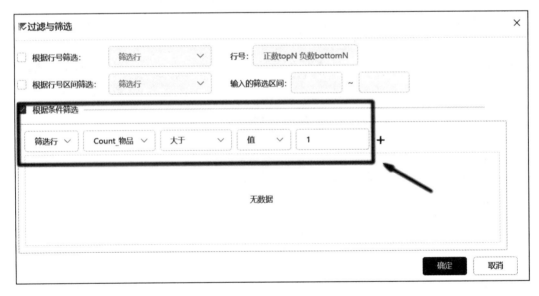

图 11-11　设置"Count_物品＞1"

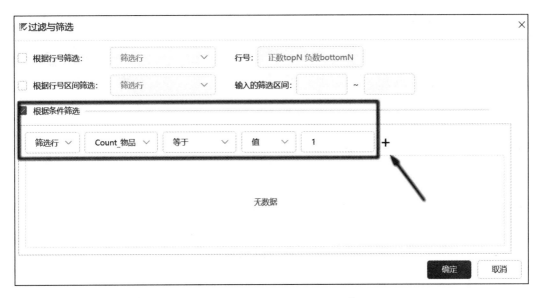

图 11-12　设置"Count_物品＝1"

三、构建关联规则算法

运行完成后,添加 FP-Growth 算法用于训练训练集数据,以找出关联规则。拖拽"机器学习"－"关联规则"下的"FP-Growth 算法"到画布区,并且将最小支持度和最小置信度设置为 0.1,如图 11-13 所示。

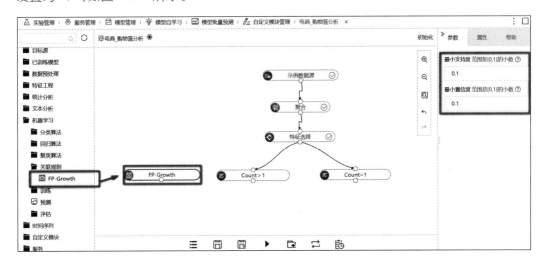

图 11-13　添加"FP-Growth 算法"节点

选择"机器学习"中的"训练",训练方法是 FP-Growth 算法,然后对训练结果进行预测,拖拽同样在"机器学习"下的"预测"节点,同时引入测试数据集进行预测,建立如图 11-14所示关联。

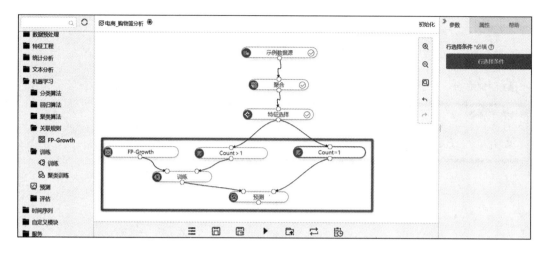

图 11-14   模型训练

运行成功之后,单击鼠标右键"训练"节点查看分析结果,即可查看模型的训练结果,如图11-15所示。

前项	后项	置信度	提升度
(啤酒,蔬菜罐头)	(冻肉)	0.874251497005988	2.7211801562438036
(啤酒,冻肉)	(蔬菜罐头)	0.8588235294117647	2.6643370219374876
(冻肉,蔬菜罐头)	(啤酒)	0.8439306358381503	2.7074907770916767
(啤酒)	(冻肉)	0.5802047781569966	1.805935402210519
(冻肉)	(蔬菜罐头)	0.5728476821192053	1.7771512250562806
(蔬菜罐头)	(冻肉)	0.570957095709571	1.7771512250562804
(啤酒)	(蔬菜罐头)	0.5699658703071673	1.7682109507879118
(冻肉)	(啤酒)	0.5629139072847682	1.8059354022105192
(蔬菜罐头)	(啤酒)	0.5511551155115512	1.7682109507879118
(糖果)	(白酒)	0.5217391304347826	1.7088319951522495
(白酒)	(糖果)	0.5017421602787456	1.7088319951522497
(鱼类)	(水果)	0.4965753424657534	1.56113987263481
(水果)	(鱼类)	0.48494983275919574	1.56113987263481

图 11-15   对已有数据的分析结果

根据图 11-15 的分析结果可知,已经购买了"啤酒"与"蔬菜罐头"的顾客有 87.4% 的概率购买冻肉。由此可将啤酒、蔬菜罐头、冻肉 3 种商品组合展示或销售,以增加销售额。

四、对商家提出产品关联营销策略

根据关联分析的基本算法步骤,最终预测结果如图 11-16 所示,共有数据 174 条。通过实验结果可以看出,顾客大多数比较喜欢购买啤酒、鱼类、水果、白酒、冻肉、蔬菜罐头等商品。以第一行数据为例,顾客在购买啤酒的时候会同时购买水果、蔬菜罐头、冻肉、白酒和鱼类。因此,在今后的销售中,可对仅购买啤酒的顾客推销水果、蔬菜罐头、冻肉、白酒、鱼类,也可将啤酒与水果、蔬菜罐头、冻肉、白酒、鱼类放在同一位置销售,还可用来细分客户等。对线下超市来说,可根据实际情况将蔬菜罐头、啤酒、白酒等商品放在顾客购买水果、鱼类、冻肉的必经之路,或者显眼的位置,方便顾客拿取。水果、鱼类、糖果等商品同时购买的概率较高，可以考虑捆绑销售，或者适当调整商场布置，将这些商品的距离尽量拉近，提升购物体验。最终目的均是为提高超市销售额，增强自身竞争力。

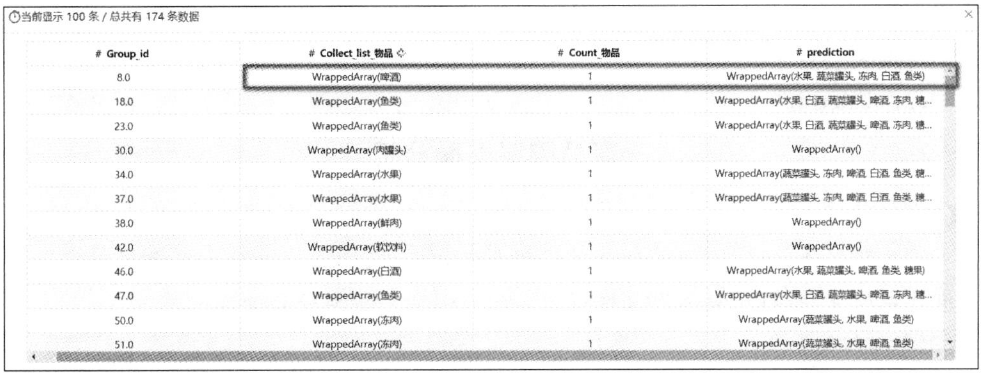

当前显示 100 条 / 总共有 174 条数据

# Group_id	# Collect_list_物品	# Count_物品	# prediction
8.0	WrappedArray(啤酒)	1	WrappedArray(水果, 蔬菜罐头, 冻肉, 白酒, 鱼类)
18.0	WrappedArray(鱼类)	1	WrappedArray(水果, 白酒, 蔬菜罐头, 啤酒, 冻肉, 糖...
23.0	WrappedArray(鱼类)	1	WrappedArray(水果, 白酒, 蔬菜罐头, 啤酒, 冻肉, 糖...
30.0	WrappedArray(肉罐头)	1	WrappedArray()
34.0	WrappedArray(水果)	1	WrappedArray(蔬菜罐头, 冻肉, 啤酒, 白酒, 鱼类, 糖...
37.0	WrappedArray(水果)	1	WrappedArray(蔬菜罐头, 冻肉, 啤酒, 白酒, 鱼类, 糖...
38.0	WrappedArray(鲜肉)	1	WrappedArray()
42.0	WrappedArray(软饮料)	1	WrappedArray()
46.0	WrappedArray(白酒)	1	WrappedArray(水果, 蔬菜罐头, 啤酒, 鱼类, 糖果)
47.0	WrappedArray(鱼类)	1	WrappedArray(水果, 白酒, 蔬菜罐头, 啤酒, 冻肉, 糖...
50.0	WrappedArray(冻肉)	1	WrappedArray(蔬菜罐头, 水果, 啤酒, 鱼类)
51.0	WrappedArray(冻肉)	1	WrappedArray(蔬菜罐头, 水果, 啤酒, 鱼类)

图 11-16　模型预测结果

本章小结

关联规则挖掘技术已经被广泛应用于各行各业，它强调的是事物之间的相互依赖和条件先验关系。关联规则通过对顾客的交易数据进行挖掘分析并结合商场销售商品的构成来把握顾客的购物特征和商品之间潜在的联系。最为经典的案例就是“啤酒与尿布”，即通过调研发现 30%的顾客会同时购买啤酒与尿布，而购买啤酒的顾客中的 80%同时也会购买尿布。本案例以实体销售中的购物篮分析为基础，根据电商超市顾客的消费详情，挖掘出其购买商品之间的关系，从而调整优化超市的商品组合策略。

本案例旨在寻找电商超市商品关联关系，具体实现步骤如下：①首先将超市的消费者购物信息导入关系数据源，共包含 7 个字段，共 2800 条记录。同时，由于一个订单中的多件商品被分别存放于不同的记录中，所以需要对“物品”字段进行聚合，还原订单中原本的购买商品组合信息。②接下来对数据进行预处理，通过分组聚合与汇总的方式，得到购物篮分析所需要的信息，即每个订单中的商品组合，根据商品组合信息，可进一步了解消费者的购买行为与偏好，找出物品之间的关联规则。③依据订单中所包含的物品种类数量是否大于 1 的原则，将数据源分成两部分，Count＞1 节点代表订单中至少有两种种类的商品，Count＝1 意味着该订单只有一种商品。④添加 FP-Growth 算法，并且将最小支持度和最小置信度设置为 0.1，全部运行完成之后，即可查看模型的训练结果，得出超市的最优商品组合策略。

通过实验结果可以看出，顾客大多数比较喜欢购买啤酒、鱼类、水果、白酒、冻肉和蔬菜罐头等商品，以第一行数据为例，顾客在购买啤酒的时候会同时购买水果、蔬菜罐头、冻肉、白酒和鱼类。因此，在今后的销售中，可对仅购买啤酒的顾客推销水果、蔬菜罐头、冻肉、白酒和鱼类，也可将啤酒与水果、蔬菜罐头、冻肉、白酒和鱼类放在同一位置销售，还可用来细分客户等。对线下超市来说，可根据实际情况将蔬菜罐头、啤酒、白酒等商品放在顾客购买水果、鱼类、冻肉的必经之路,或者显眼的位置,方便顾客拿取。水果、鱼类、糖果等商品同时购买的概率较高,可以考虑捆绑销售,或者适当调整商场布置,将这些商品的距离尽量拉近,提升购物体验。最终目的均是提高超市销售额,增强自身竞争力。

▶ 拓展实训

商品购买关联分析

【实训目的】

巩固关联规则算法原理;通过教师讲解与实践操作,学生逐渐熟悉思睿智训平台数据挖掘模块中的关联规则,能利用其进行商品组合关联分析并优化营销策略。

【思考与练习】

1.了解关联规则的理论知识、适用场景及相关参数说明。

2.学会使用关联规则算法动手操作购物篮分析的案例,理解模型的含义。

第十二章

基于时间序列法的 GDP 预测

▶ 章节目标

1. 了解大数据在经济模型预测中的应用。

2. 了解时间序列法的基本概念和应用。

3. 掌握利用时间序列法预测 GDP 的操作方法。

▶ 学习重点、难点

【学习重点】

1. 大数据背景下利用国民经济数据指标对 GDP 进行预测。

2. 时间序列算法的应用。

【学习难点】

1. 确定 AIRIMA 模型系数。

2. AIRIMA 模型的建立。

▶ 本章思维导图

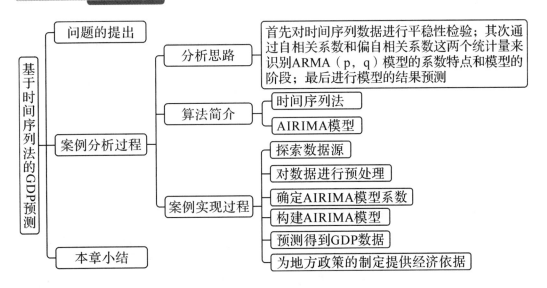

GDP 是反映一国国民经济的生产规模及综合实力的总量指标,在经济研究中发挥着极为重要的作用。如果能准确地预测 GDP,那么不仅可以引导宏观经济的健康发展,也可以为决策者提供可参考的决策依据。一个国家的国民经济是由许多要素共同决定的,而在这些要素中,各省份的地区生产总值是 GDP 的重要组成部分,发展较快的省份对我国国民经济的快速增长起到了很大的促进作用,而发展较为缓慢的省份则会影响经济的健康稳定发展。因此,研究各省份的地区生产总值及其发展趋势对研究各个地区乃至全国经济都有着重要的现实意义。

第一节　时间序列法介绍

一、时间序列法简介

时间序列(动态数列)是指将同一统计指标的数值按其发生的时间先后顺序排列而成的数列。时间序列分析的主要目的是根据已有的历史数据对未来进行预测。经济数据大多数以时间序列的形式出现。根据观察时间的不同,时间序列中的时间可以是年份、季度、月份或其他任何时间形式。

时间序列模型最早出自乔治·E. P. 博克斯与格威利姆·M. 詹金斯所著的《时间序列分析——预测与控制》一书,这是一种被称为博克斯—詹金斯(BJ)方法论或 ARIMA 方法论的新预测方法。常用的时间序列模型有 4 种:自回归模型 AR(p)、移动平均模型 MA(q)、自回归移动平均模型 ARMA(p,q)、自回归差分移动平均模型 ARIMA(p,d,q),可以说前 3 种都是 ARIMA(p,d,q)模型的特殊形式。

ARIMA 模型,又称整合移动平均自回归模型(移动也可称作滑动),是时间序列预测分析方法之一。在 ARIMA(p,d,q)中,AR 是“自回归”,p 为自回归项数;MA 为“滑动平均”,q 为滑动平均项数;d 为使之成为平稳序列所做的差分次数(阶数)。“差分”一词虽未出现在 ARIMA 的英文名称中,却是关键步骤。

ARIMA 模型是在平稳的时间序列基础上建立起来的,因此时间序列的平稳性是建模的重要前提。检验时间序列模型平稳的方法一般采用 ADF(augmented Dickey-Fuller test)单位根检验模型去检验。当然,如果时间序列不稳定,也可以通过一些操作(如取对数、差分操作)使得时间序列稳定,然后进行 ARIMA 模型预测,得到稳定的时间序列的预测结果,再将预测结果进行还原(取对数、差分的逆操作),就可以得到原始数据的预测结果。

二、AIRIMA 模型的建立与预测

(一)数据平稳化处理

首先要对时间序列数据进行平稳性检验。可以利用时间序列的散点图或折线图对序列进行初步的平稳性判定,再采用统计量检验对其平稳性进行准确的判定。对于非平稳的时间序列,则可以通过对数据进行取对数或差分后来判定其平稳性。重复以上过程,直

至时间序列成为平稳序列。此时差分的次数即为 ARIMA(p,d,q)模型中的阶数 d。

数据平稳化处理后,ARIMA(p,d,q)模型即转化为 ARMA(p,q)模型。

(二)模型定阶

引入自相关系数和偏自相关系数这两个统计量来识别 ARMA(p,q)模型的系数特点和模型的阶数。若平稳序列的偏相关函数是截尾的,而自相关函数是拖尾的,可断定序列适合 AR 模型;若平稳序列的偏相关函数是拖尾的,而自相关函数是截尾的,则可断定序列适合 MA 模型;若平稳序列的偏相关函数和自相关函数均是拖尾的,则序列适合 ARMA 模型。自相关函数呈周期规律的序列,可选用季节性乘积模型。自相关函数规律复杂的序列,可能需要进行线性模型拟合。

(三)参数估计

确定模型阶数后,应对 ARMA 模型进行参数估计。采用最小二乘法进行参数估计,需要注意的是,MA 模型的参数估计相对困难,应尽可能地避免使用高阶的移动平均模型或包含高阶移动平均项的 ARMA 模型。

(四)模型检验

在对模型进行识别与参数估计后,应对估计结果进行诊断与检验,以确定所选用的模型是否合适。这一阶段的检验包括检验模型参数的估计值是否具有显著性及检验模型的残差序列是否为白噪声。其中参数估计值的显著性检验是通过 t 检验完成的,模型残差序列采用 Q 检验。该检验的零假设为:模型的误差项是一个白噪声过程。若残差序列不是白噪声,残差序列中必含有其他成分,自相关系数不等于 0,Q 值将很大;反之,Q 值将很小。

ARIMA 模型是用来描述被预测对象随着时间的变化而产生的数据序列,该模型可以根据过去和现在的时间序列值来进行预测,在某种程度上能够帮助企业对未来发展状况进行预判。

三、时间序列法的应用

面向时间序列的数据挖掘技术是传统数据挖掘的一个延伸,在社会生产中有着非常重要的现实意义。它在电信行业预测系统、股票市场交易分析、网络入侵检测、脑电图分析等众多领域都有广泛的应用前景。

(一)电信行业预测

电信行业作为直接向社会提供信息服务的部门,拥有十分庞大的数据库。随着客户规模的不断增长,客户群体日益复杂化,电信行业的客户管理工作面临着新的挑战。因此,开发出一套时间序列预测系统是非常有必要的。目前,时间序列数据挖掘已经为电信行业解决了多个难题。比如,关联规则、分类和聚类等数据挖掘技术在业务总量预测、营收预测、实时防欠费欺诈等系统中的应用,确保了电信系统的稳定运行,为客户提供了高质量的服务,降低了恶意欠费造成的损失。此外,运营商也可以深入挖掘用户的使用习惯,为客户提供更多的服务,从而应对网络产品的新挑战。

(二)股票市场交易分析

股票市场交易分析一直是金融、咨询等行业的研究热点。由于股票价格受多种因素的影响，投资者难以对其进行全面的分析。大量的股票交易记录以时间序列的形式存在，利用数据挖掘手段对这些数据进行深入的分析，可以对股票价格进行预测，为投资者提供决策依据。

(三)网络入侵检测

网络入侵检测系统旨在防止黑客或其他攻击者对内部网络进行恶意攻击。该系统利用各种抓包工具抓取入侵数据的数据源，使用时间序列、分类、聚类和关联规则等技术对当前的网络状态进行有效监测，然后识别攻击模式，从而阻止攻击行为的发生。

(四)脑电图分析

脑电图分析在动物行为、临床医学等研究领域中都有广泛的应用。脑电图是一类典型的时间序列，通过分析频率、波幅、位相、波形等基本要素，实现研究目标。比如，利用分类和预测技术，对脑电图中的不同节律波进行分析，预测人的疲劳状态，可以对疲劳驾驶等现象进行有效预警。

第二节　问题的提出

一、问题设计

湖北省是中部地区相对发达的省份，其区位优势和人口优势在整个国家的经济发展中占有举足轻重的地位。本章选取湖北省的 GDP 数据进行实证分析，利用时间序列分析法来处理时间序列数据，以研究其未来的变化，即通过分析过去和现在的数据来预测未来的趋势，分析处理数据的过程就是建立模型的过程，之后再依据建立的模型来预测出未来数据的变化。

二、解决思路

从经济学的观点来看，人口、资源、外部环境、政策等因素都会对 GDP 产生一定的影响，而这些因素之间往往又有着错综复杂的关系。因此，运用传统的经济模型来分析和预测当前经济环境下的 GDP 显然不足以达到我们的理想效果。本案例采用动态分析法，将1978—2010 年湖北省的 GDP 数据建成一个时间序列，进而对这个时间序列进行分析与研究，建立模型，并对湖北省 2011—2015 年的 GDP 进行预测。

分析思路主要包括以下 3 点。

第一，对时间序列数据进行平稳性检验。可以通过时间序列的散点图或折线图对序列进行初步的平稳性判断。对非平稳的时间序列，先对数据进行取对数或差分处理，然后判断经处理后序列的平稳性。重复以上过程，直至成为平稳序列。

第二，通过自相关系数和偏自相关系数这两个统计量来识别 ARMA(p,q) 模型的系数特点和模型的阶数。

第三,模型的结果预测。利用 ARIMA 模型对湖北省未来几年的 GDP 进行预测。

第三节　基于时间序列法的 GDP 预测

一、探索数据源

首先将本实训用到的湖北省 1978—2010 年的 GDP 时间序列数据,导入"关系数据源"中,然后新建实验,保存之后从左边数据源中拖拽"关系数据源"到中间"画布区",并在右边参数区根据自己上传数据的对应路径找到数据表,我们选择如图 12-1 所示路径中的数据。

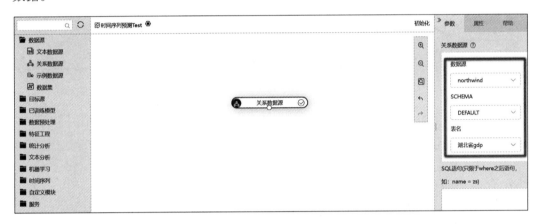

图 12-1　获取数据

单击鼠标右键查看输出,可以查看详细数据,共两个字段,33 条记录,如图 12-2 所示。

ⓘ当前显示 33 条 / 总共有 33 条数据　提示:点击单元格可查看超出的内容		✕
A₀ **date**		# **GDP**
1978-12-31 00:00:00.0		151.0
1979-12-31 00:00:00.0		188.46
1980-12-31 00:00:00.0		199.38
1981-12-31 00:00:00.0		219.75
1982-12-31 00:00:00.0		241.55
1983-12-31 00:00:00.0		262.58

注意:表头中🔧表示特征列, *表示标签列　　　　　　　　表头真名 ⬤ 表头别名

图 12-2　查看详细数据

二、对数据进行预处理

为了方便观察,可以增加一个序列号,给每一年标上序号,这里用到"数据预处理"下的"增加序列号"节点,拖拽到画布区,建立关联,如图 12-3 所示。

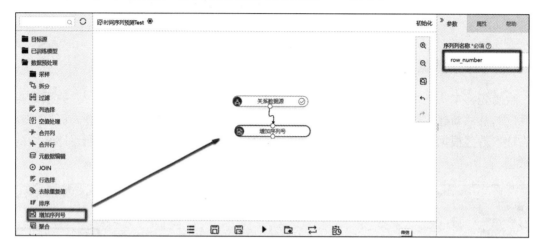

图 12-3　添加"增加序列号"节点

运行成功之后,单击鼠标右键查看输出,就可看到标注序号后的数据,如图 12-4 所示。

# row_number	Aᵥ date	# GDP
1	1978-12-31 00:00:00.0	151.0
2	1979-12-31 00:00:00.0	188.46
3	1980-12-31 00:00:00.0	199.38
4	1981-12-31 00:00:00.0	219.75
5	1982-12-31 00:00:00.0	241.55
6	1983-12-31 00:00:00.0	262.58
7	1984-12-31 00:00:00.0	328.22
8	1985-12-31 00:00:00.0	396.26
9	1986-12-31 00:00:00.0	442.04

当前显示 33 条 / 总共有 33 条数据　提示:点击单元格可查看超出的内容

注意:表头中 ◇ 表示特征列, * 表示标签列　　　表头真名 ⬤ 表头别名

图 12-4　查看输出

其中"row_number"字段为年份编号,编号具有唯一性,一个编号对应某个年份,例如"row_number"中的"1"代表了最早的统计年份 1978 年,"date"字段为具体的年份,"GDP"字段为对应年份的湖北省 GDP 数据。

三、确定 AIRIMA 模型系数

(一)画出时间路径图

利用"统计分析"下的"高维数据可视化"节点画出原始数据的时间路径图,拖拽节点到画布区,如图 12-5 所示。

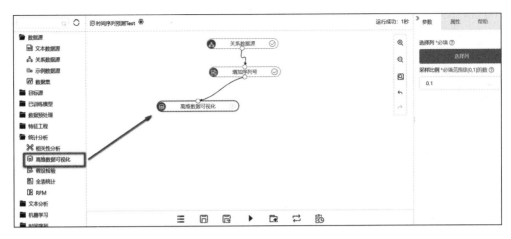

图 12-5　添加"高维数据可视化"节点

选择相关列,并且设置采样比例为 1,如图 12-6 所示。

图 12-6　参数配置

执行成功之后,单击鼠标右键查看分析结果,进入可视化作图界面,如图 12-7 所示。

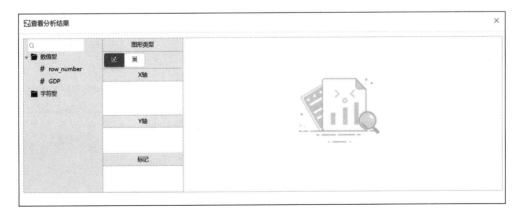

图 12-7　可视化作图界面

选择相关字段作图,如图 12-8 所示,得到原始数据时间路径图。

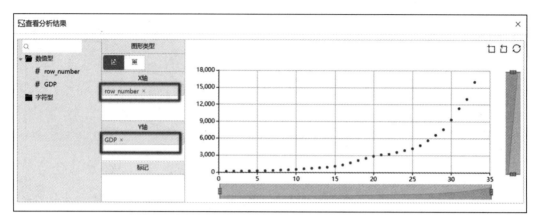

图 12-8 原始数据时间路径

从图 12-8 中可以看出,这个时间序列呈指数形式,波动性比较大,不是稳定的时间序列(时间序列的平稳性是建模的重要前提),因此对这种指数形式的数据,一般可以对其取对数,将其转化为线性形式。

取对数可以选择"数据预处理"下的"派生列"节点,拖拽节点到画布区,如图 12-9 所示。

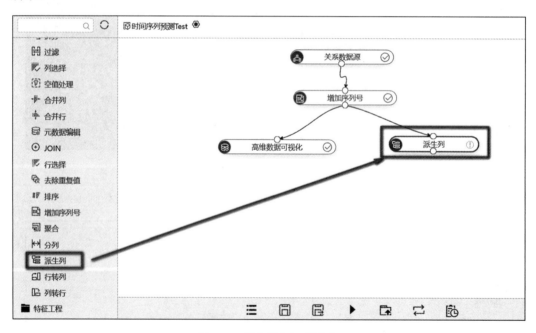

图 12-9 添加"派生列"节点

点击参数区的"派生列"配置,进入配置界面,如图 12-10 所示。

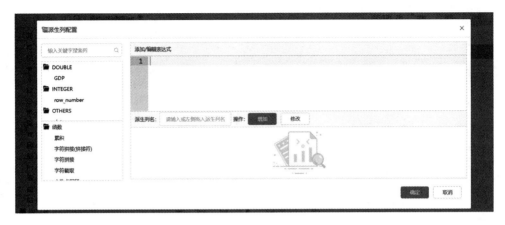

图 12-10 派生列配置

在编辑表达式区域输入如图 12-11 所示表达式,对 GDP 列进行取对数形式(双击左边字段名可以直接进行字段选择)。

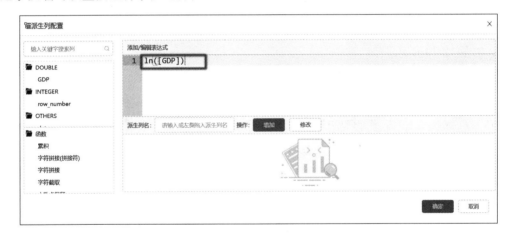

图 12-11 输入表达式

然后在下方输入"派生列名",点击"增加",如图 12-12 所示。

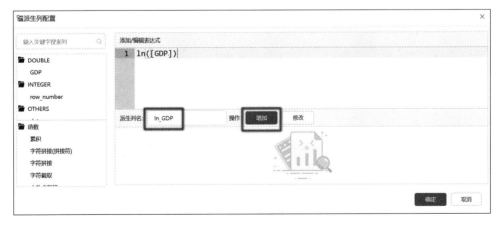

图 12-12 增加表达式

点击"增加"后,该表达式会出现在下方区域,这样才算表达式添加成功,如图 12-13 所示。

图 12-13 表达式添加成功

点击确定之后运行,运行完成后再单击鼠标右键查看输出,即可看到新增取对数之后的列,如图 12-14 所示。

图 12-14 查看输出

继续拖拽"高维数据可视化"节点,查看取对数后的路径图,建立如图 12-15 所示关联。

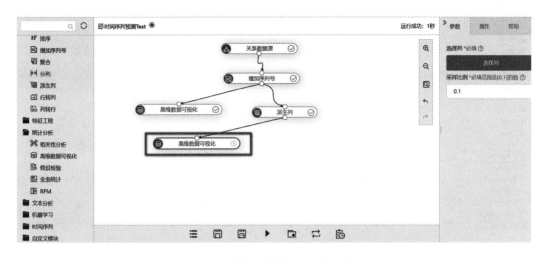

图 12-15 添加"高维数据可视化"节点

跟上文一样,选择相关字段,将采样比例设置为 1,然后运行,运行完成后查看分析结果。作出新的路径图,如图 12-16 所示。

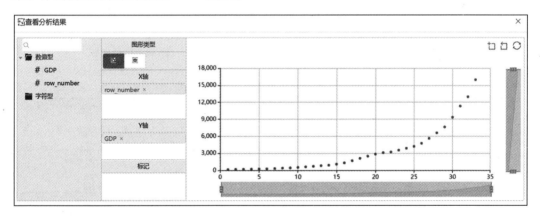

图 12-16 路径图

由图 12-16 可以看出,取了对数之后的时间路径图明显具有线性趋势,为了确定其稳定性,首先对取对数后的数据进行随机性检验。

(二)随机性检验

随机性检验使用 LB 统计量,当检验结果的 p 值小于显著性水平(5%)时认为时序不是白噪声,即不是随机的。拖拽"时间序列"下的"随机性检验"节点到画布区,建立关联,如图 12-17 所示。

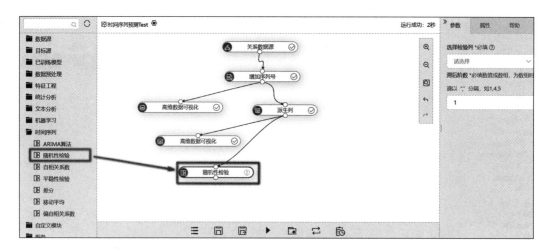

图 12-17 随机性检验

随机性检验有两个参数配置,分别如下。

第一,选择检验列。选取需要做随机性检验的时间序列字段,仅可选数值型字段。

第二,滞后阶数。可为整数值或整数数组,如果为整数值,则会检验该滞后阶数;如果为数组,则会检验数组中所有的滞后阶数。

根据要求进行相关参数配置,首先选择需要检验的列,下拉选择相关列,如图 12-18 所示。

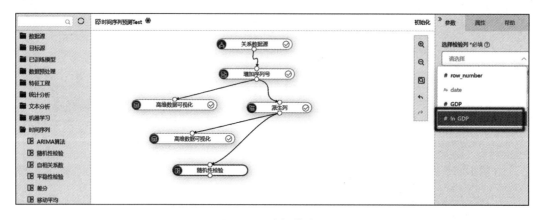

图 12-18 选择检验列

然后设置滞后阶数,可以选择输入单个数值,一个个尝试检验,也可以输入数组,批量进行检验。这里选择批量检验,按照提示输入数组,随意选择前 8 阶进行检验,如图 12-19 所示。

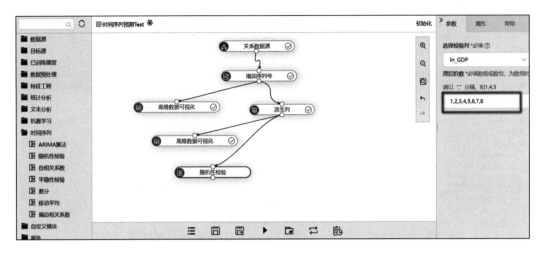

图 12-19　滞后阶数设置

运行成功后,单击鼠标右键查看输出,如图 12-20 所示,观察 p 值都小于显著性水平(5%),因此认为时间序列不是白噪声,即不是随机的。

随机性检验结果说明如下。

滞后阶数指 LB 检验的滞后阶数。

统计量指 LB 检验的统计量值。

p 值指 LB 检验的结果 p 值。

# 滞后阶数	# 统计量	# P值
1	29.702509717783762	5.036956760752858E-8
2	54.7270246357326	1.3067051262585571E-12
3	75.17598617420768	3.3219079500269365E-16
4	91.44467008433519	6.494814189581369E-19
5	103.99815562914724	7.596544419010504E-21
6	113.1959390505748	4.362439222376159E-22
7	119.66914366520261	8.978354040719355E-23
8	123.97334151431454	5.005614528896795E-23

注意:表头中◇表示特征列,*表示标签列。　　　　　　　　表头真名　　表头别名

图 12-20　查看输出

(三)平稳性检验

平稳性检验使用 ADF 单位根检验,单位根检验是指检验序列是否存在单位根,如果存在单位根即为非平稳时间序列。检验零假设为:存在单位根。如果 p 值大于显著性水平(5%),则不可拒绝原假设,即检验序列存在单位根。

拖拽"时间序列"下的"平稳性检验"节点到画布区,如图 12-21 所示。

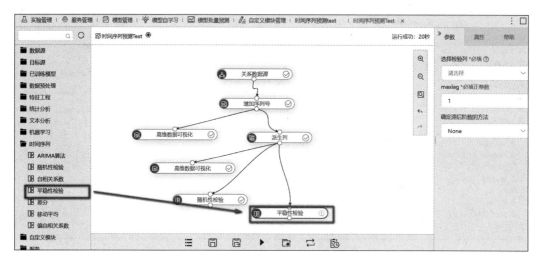

图 12-21 添加"平稳性检验"节点

1. 平稳性检验参数配置说明

(1)选择检验列:选取需要做平稳性检验的时间序列字段,仅可选数值型字段。

(2)maxlag:单位根检验中最大的滞后阶数,取值范围为[1,nobs/2-1]的正整数。

(3)确定滞后阶数的方法:自动确定滞后阶数的方法。

(4)None:如果选择 None,滞后阶数则使用 maxlag 参数值。

(5)AIC/BIC:如果选择"AIC"或"BIC",则以最小化 AIC 值或 BIC 值为评分标准选择滞后阶数。

(6)t-stat:基于 maxlag 值,从 maxlag 开始逐步减 1 计算检验统计量,直到检验统计量在显著性水平 5% 以上显著为止。

选择检验列,选择确定滞后阶数的方法,然后一般从前几阶开始检验,在 maxlag 填写阶数,配置完成之后运行,如图 12-22 所示。

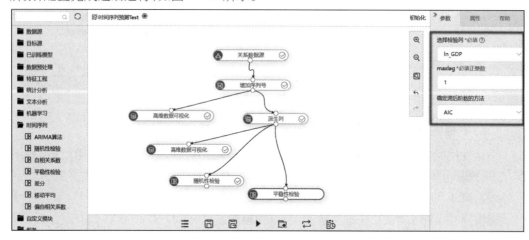

图 12-22 参数配置

运行成功后,单击鼠标右键查看输出,即可查看具体的检验结果,如图 12-23 所示。

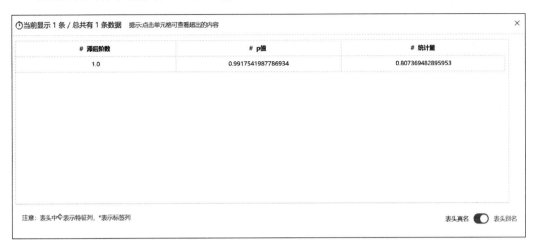

图 12-23　查看检验结果

2.平稳性检验结果说明

(1)统计量:指单位根检验的统计量值。

(2)p 值:指单位根检验的结果 p 值。

(3)滞后阶数:指单位根检验确定的滞后阶数。

p 值大于显著性水平(5%),则不可拒绝原假设,即检验序列存在单位根,存在单位根即为非平稳序列。

根据检验结果,可以判定其为非平稳序列,因此再对序列进行差分处理。

(四)差分处理

拖拽"时间序列"下的"差分"节点到画布区,建立如图 12-24 所示关联,计算并输出时间序列的差分。

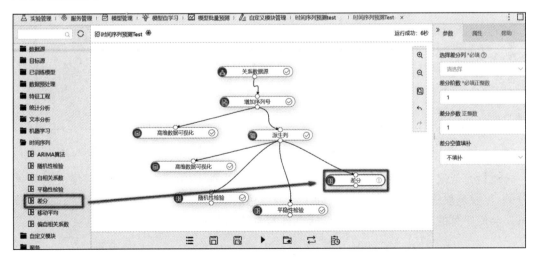

图 12-24　添加"差分"节点

1.差分参数配置说明

(1)选择差分列:选取需要差分的时间序列字段,仅可选数值型字段。

(2)差分阶数:举例如下。

一阶差分: $\Delta_1 x = x_2 - x_1$; $\Delta_2 x = x_3 - x_2$; $\cdots$; $\Delta_n x = x_{n+1} - x_n$ 。

二阶差分: $\Delta_1^2 x = \Delta_2 x - \Delta_1 x$; $\Delta_2^2 x = \Delta_3 x - \Delta_2 x$; $\cdots$; $\Delta_n^2 x = \Delta_{n+1} x - \Delta_n x$ 。

......

(3)差分步数:举例如下。

一步差分: $\Delta_1 x = x_2 - x_1$; $\Delta_2 x = x_3 - x_2$; $\cdots$; $\Delta_n x = x_{n+1} - x_n$ 。

两步差分: $\Delta_1 x = x_3 - x_1$; $\Delta_2 x = x_4 - x_2$; $\cdots$; $\Delta_n x = x_{n+2} - x_n$ 。

......

(4)差分空值填补:提供了多种差分后空值的填补方法。

①不填补:对差分后的空值不填补。

②删除:将差分后的空值行删除。

③平均值:对差分后的空值使用差分列的均值进行填补。

④中位数:对差分后的空值使用差分列的中值进行填补。

⑤最小值:对差分后的空值使用差分列的最小值进行填补。

⑥最大值:对差分后的空值使用差分列的最大值进行填补。

进行相关参数的配置,如图 12-25 所示。首先选择要差分的列,接着设置差分阶数和步数,差分值填补选择"删除",全部配置好之后运行。

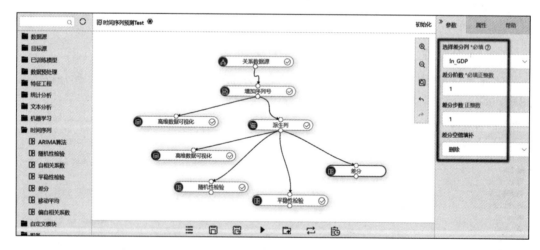

图 12-25 "差分"节点参数配置

运行完成之后,单击鼠标右键查看输出,如图 12-26 所示,输出的结果会增加一列差分列,字段名后缀为"差分"。注意:为了保证信息的准确,应避免过度差分,因为过度差分不仅会使序列的样本容量减少,还会使序列的方差变大。

# row_number	A· date	# GDP	# ln_GDP	# ln_GDP_差分
2	1979-12-31 00:00:00.0	188.46	5.2388857827786115	0.2216059459636872
3	1980-12-31 00:00:00.0	199.38	5.295212551594559	0.056326768815947226
4	1981-12-31 00:00:00.0	219.75	5.392490536565286	0.09727798497072726
5	1982-12-31 00:00:00.0	241.55	5.487076491000416	0.0945859544351304
6	1983-12-31 00:00:00.0	262.58	5.570555797505964	0.08347930650554769
7	1984-12-31 00:00:00.0	328.22	5.793684115251483	0.22312831774551878
8	1985-12-31 00:00:00.0	396.26	5.982070561466112	0.1883864462146292
9	1986-12-31 00:00:00.0	442.04	6.091400375720582	0.10932981425446986
10	1987-12-31 00:00:00.0	517.77	6.249531128211421	0.1581307524908393

注意:表头中△表示特征列,*表示标签列。　　　　　　　　　　　　　表头真名 ⬤ 表头别名

图 12-26　差分结果输出

接下来对进行了一阶差分后的序列按照上文步骤进行随机性和平稳性检验,判定序列的平稳性。如图 12-27 所示。

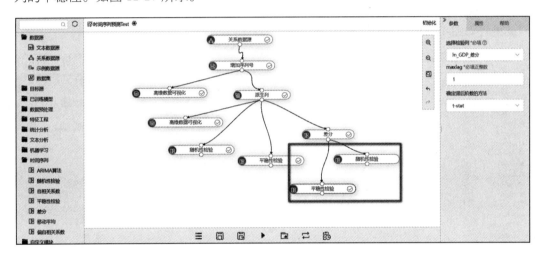

图 12-27　随机性和平稳性检验

经检验后发现差分之后的序列基本达到稳定,并且通过了平稳性检验。由此可以确定 ARIMA(p, d, q) 模型中的差分阶数 d＝1。对于平稳的非白噪声序列就可以进行 ARMA(p, q) 模型的拟合。

在平稳时间序列的基础上画出时间序列的自相关图和偏自相关图,通过图形初步判断 ARMA 模型的阶数 p 和 q。

2.自相关系数参数配置说明

从"时间序列"—"自相关系数"拖拽"自相关系数"节点到画布区,如图 12-28 所示。

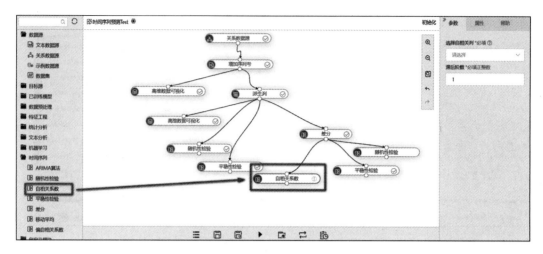

图 12-28　添加"自相关系数"节点

（1）选择自相关列：选取需要计算自相关系数的时间序列字段，仅可选数值型字段。

（2）滞后阶数：需要计算自相关系数的最大滞后阶数，取值范围为正整数。

进行如图 12-29 所示的配置。

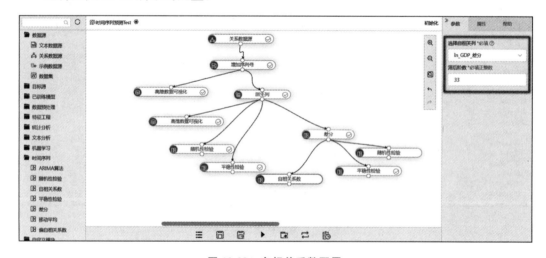

图 12-29　自相关系数配置

3. 自相关系数输出结果说明

（1）滞后阶数：小于等于最大滞后阶数的所有滞后阶数。

（2）自相关系数：对应滞后阶数的序列的自相关系数。

单击鼠标右键查看输出，可以看到表格形式的数据，那么为了方便观察，可以利用"统计分析"下的"高维数据可视化"节点进行作图分析。拖拽节点到画布区，如图 12-30 所示。

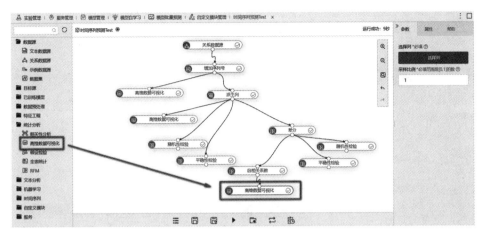

图 12-30　添加"高维数据可视化"节点

选择好字段,并且设置采样比例为 1,然后执行。执行成功之后,单击鼠标右键查看分析结果,将字段拖入相应的区域进行作图分析,如图 12-31 所示。

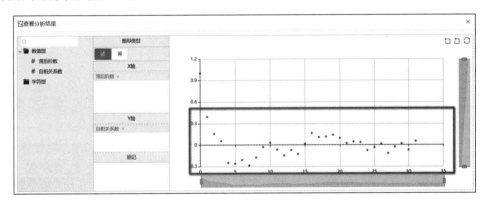

图 12-31　自相关系数图

同理,再作出偏自相关系数图,拖拽"偏自相关系数"节点到画布区,并进行参数配置,如图 12-32 所示。

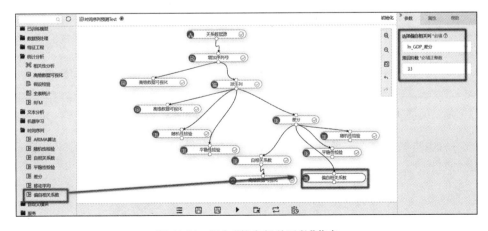

图 12-32　添加"偏自相关系数"节点

再拖拽"高维数据可视化"节点到画布区,作出偏自相关系数图,如图 12-33 所示。

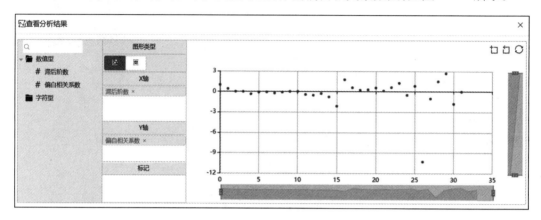

图 12-33　偏自相关系数图

从自相关系数图和偏自相关系数图可以发现,两者均显示出不截尾的性质,因此可以尝试使用 ARMA(1,1)拟合该序列。

在确定 ARIMA(p,d,q)模型中的 p,d,q 系数后,就可以利用 ARIMA 模型进行预测。

四、构建 AIRIMA 模型

在预测之前,首先要重新设置一下时间格式,可以用到"数据预处理"下的"元数据编辑"节点,拖拽节点到画布区,建立如图 12-34 所示关联。

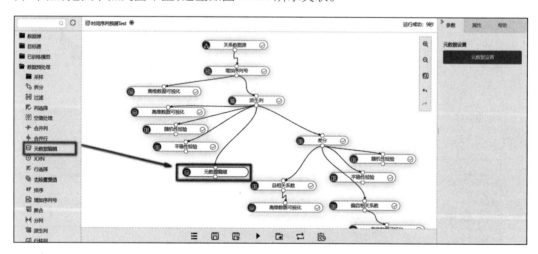

图 12-34　添加"元数据编辑"节点

点击右边参数区的"元数据设置",然后将"date"列的数据类型更改为"date",如图 12-35所示。

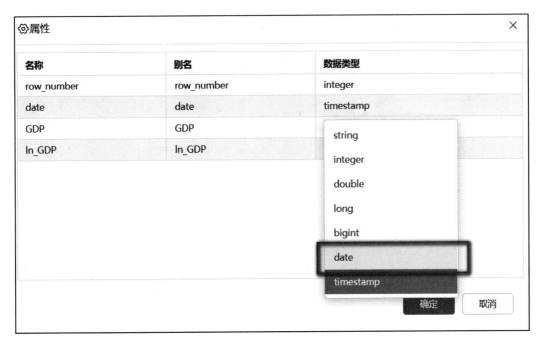

图 12-35　元数据设置

运行完成后，单击鼠标右键查看输出，即可看到更改后的时间数据，如图 12-36 所示。

# row_number	date	# GDP	# ln_GDP
1	1978-12-31	151.0	5.017279836814924
2	1979-12-31	188.46	5.238885782778611
3	1980-12-31	199.38	5.295212551594558
4	1981-12-31	219.75	5.392490536565286
5	1982-12-31	241.55	5.4870764910004155
6	1983-12-31	262.58	5.570555797505964
7	1984-12-31	328.22	5.793684115251482
8	1985-12-31	396.26	5.982070561466113
9	1986-12-31	442.04	6.091400375720582
10	1987-12-31	517.77	6.249531128211421
11	1988-12-31	626.52	6.440180697210462

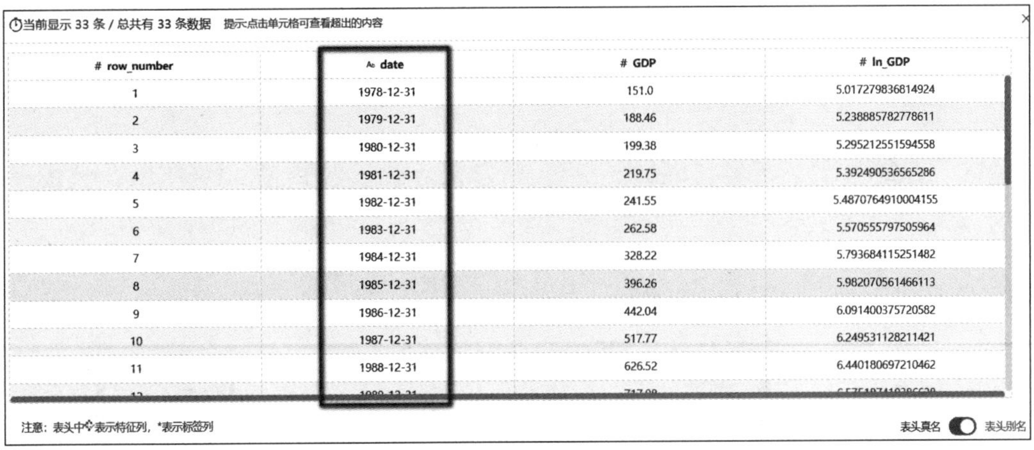

图 12-36　查看输出

五、预测得到 GDP 数据

拖拽“特征工程”下的“特征选择”节点到画布区，选择“date”特征列进行后面几年 GDP 的预测，并且与分类和回归预测一样，需要设置标签列，如图 12-37 所示。

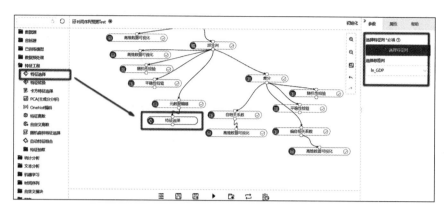

图 12-37　添加"特征选择"节点

配置完成后运行,运行完成后拖拽"ARIMA 算法"节点到画布区,建立关联,如图 12-38 所示。

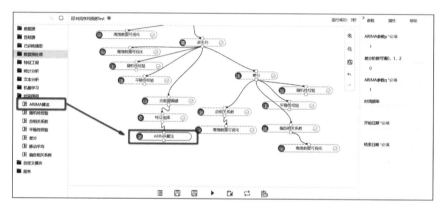

图 12-38　添加"ARIMA 算法"节点

在右边参数区进行相关参数配置,先将前面确定的模型系数输入,再输入开始日期和结束日期进行预测,如图 12-39 所示。

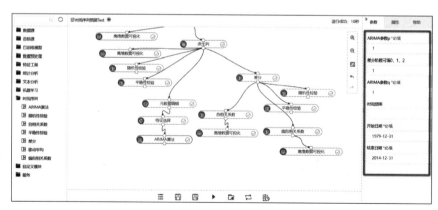

图 12-39　参数配置

注:①日期格式必须一致:数据集中为 yyyy-mm-dd,开始日期和结束日期的格式也必须是 yyyy-mm-dd。
②开始日期必须为数据集中的开始日期+1。

本案例选择预测后面 4 年的数据，配置完成后运行，运行完成后单击鼠标右键查看输出，即可看到预测的结果，如图 12-40 所示。

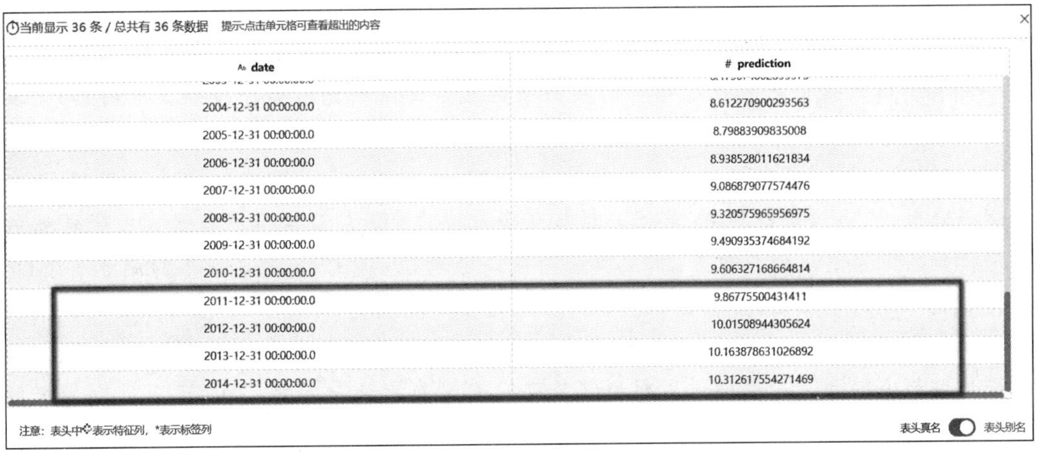

date	prediction
2004-12-31 00:00:00.0	8.612270900293563
2005-12-31 00:00:00.0	8.79883909835008
2006-12-31 00:00:00.0	8.938528011621834
2007-12-31 00:00:00.0	9.086879077574476
2008-12-31 00:00:00.0	9.320575965956975
2009-12-31 00:00:00.0	9.490935374684192
2010-12-31 00:00:00.0	9.606327168664814
2011-12-31 00:00:00.0	9.86775500431411
2012-12-31 00:00:00.0	10.01508944305624
2013-12-31 00:00:00.0	10.163878631026892
2014-12-31 00:00:00.0	10.312617554271469

图 12-40　预测结果

最后将数据进行指数还原即可。从预测的结果可以看出，2011—2015 年湖北省 GDP 处于稳定的增长之中。

六、为地方政府政策的制定提供经济依据

(一)财政金融协调配合，加速提高产能

继续坚持稳健的货币政策，以更具弹性和适度的货币政策为辅助。积极、合理地将财政资金投向重要产业和领域，加快恢复重要工业产品的生产能力，推动产业链持续稳定发展。对于那些面临一定发展困境，但仍然有较好发展前景的中小型企业，要适当降低税费和手续费。全面发挥金融政策工具的作用，引导金融机构支持重点领域率先恢复产能。

(二)适应消费方式转型，释放消费潜力

加快适应消费方式转型升级，在拓展农村发展潜力方面，依托现代互联网技术，如大数据、云计算、物联网等，实现智慧物流发展，提高农村物流运行效率，激发农村消费的市场活力；在拓展城市发展潜力方面，在优先支持武汉发展的同时，打造具有鲜明特色的商业、娱乐、文艺、餐饮等消费场所，适时发放消费券，提高消费信贷额度，挖掘消费潜力，打造区域城市消费中心。

(三)实施就业优先政策，鼓励灵活就业

加强对重点地区、重点行业和重点企业的失业风险监测，同时做好失业防治工作，防止大规模失业，针对不同群体制订不同的激励性就业方案，如在工作集中地区和企业组织实施农民工点对点接送服务，确保农民工安全复工，企业有序复产。实施高校毕业生网上招聘等措施，推动落实就业创业计划，增强就业实践。扩大多样化的就业渠道，同时完善就业底层保障，为失业者提供补贴，以确保其基本的生活开支。

本章小结

时间序列是指将同一统计指标的数值按其发生的时间先后顺序排列而成的数列,其主要目的是根据已有的历史数据对未来进行预测。面向时间序列的数据挖掘技术是传统数据挖掘技术的延伸,在社会生产中有着非常重要的现实意义。它在电信业预测、股票市场交易分析、网络入侵检测、脑电图分析等众多领域都有着广泛的应用前景。由于传统的经济模型已无法满足理想效果,本案例采用动态分析法,将1978—2010年的湖北省GDP数据建成一个时间序列,并在数据分析的基础之上建立模型。

案例实现流程如下:①首先将相关时间序列数据导入"关系数据源",为方便观察,为年标签添加序列号。②根据相关列和字段画出原始数据的时间路径图,由于得到的时间序列呈指数形式,波动性比较大,不是稳定的时间序列,因此对其取对数,将其转化为线性形式。③为确定其稳定性,需要对取对数后的数据进行随机性检验,随机性检验使用LB统计量,当检验结果的p值小于显著性水平(5%)时,认为时序不是白噪声,即不是随机的。④接下来对其进行平稳性检验,平稳性检验使用ADF单位根检验,单位根检验是指检验序列是否存在单位根,如果存在单位根即为非平稳时间序列。⑤然后进行差分处理,为继续判定序列的平稳性,需要对进行了一阶差分后的序列继续进行随机性和平稳性检验。⑥通过检验发现差分之后的序列基本达到稳定,并且通过了平稳性检验,由此确定ARIMA(p,d,q)模型中的差分阶数d=1,通过自相关图和偏自相关图初步判断ARMA模型的阶数p和q。⑦开始构建AIRIMA模型,依据平台操作可得出GDP预测数据,最后将数据进行指数还原即可。

最终得到的预测结果为:2011—2015年湖北省GDP会处于稳定的增长之中。对比2011—2015年湖北省实际GDP的发展状况,可知该模型拟合优度较高,利用时间序列法预测GDP的方案可行。在此基础上,提出3条政策建议,为地方政府政策的制定提供经济依据:第一,财政金融协调配合,加速提高产能;第二,适应消费方式转型,释放消费潜力;第三,实施就业优先政策,鼓励灵活就业。

▶ 拓展实训

某省份GDP预测

【实训目的】

巩固时间序列法原理;通过教师讲解与实践操作,学生逐渐熟悉思睿智训平台数据挖掘模块中的时间序列算法,能利用其进行某省份的GDP预测。

【思考与练习】

1. 了解时间序列法的理论知识、适用场景及相关参数说明。

2. 学会运用时间序列法动手操作某省份GDP预测的案例,理解模型的含义,同时思考如果模型评估结果不是很理想,可以怎么调整优化。

第十三章
商务数据分析报告

> **章节目标**

1.认识数据可视化分析。

2.了解自助仪表盘的功能模块。

3.掌握利用自助仪表盘进行跨境电商可视化报表的制作方法。

> **学习重点、难点**

【学习重点】

1.数据可视化的步骤。

2.可视化分析报告撰写。

【学习难点】

1.自助仪表盘的创建。

2.利用自助仪表盘进行可视化报表制作。

> **本章思维导图**

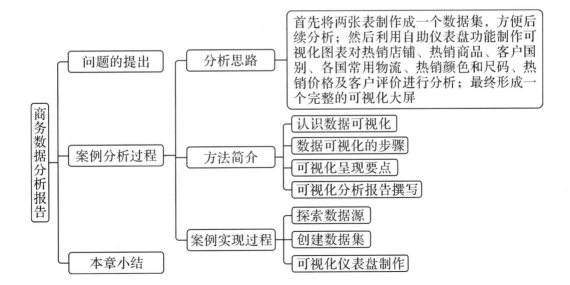

随着互联网的快速发展,大数据时代已经来临。面对海量数据,如何处理、分析及存储是摆在人们面前亟待解决的问题,其中数据可视化分析技术是大数据分析的重要方法,可以帮助数据分析人员更快地找到数据中隐含的规律和模式。数据可视化的实质便是视觉效果会话。数据可视化将技术与造型艺术完美结合,通过图形界面,清楚合理地传递与交流信息。一方面,数据使数据可视化具有使用价值;另一方面,数据可视化提升数据的灵气,二者紧密联系,帮助企业从信息中获取专业知识、从专业知识中获得使用价值。精心设计的图形不仅可以生动形象地展示信息,而且可以通过强大的显示方式来提升信息的知名度,引起人们的关注并维持他们的兴趣,这是报表或 Excel 表所无法企及的。

第一节　可视化分析简介

一、认识数据可视化

数据可视化,是指将数据在一个大的数据库中进行可视化,不仅包括科学计算可视化,而且包括信息可视化和知识可视化的部分内容,其研究对象包括空间数据、非空间数据等涉及多个学科的知识。数据可视化技术的主要目的是把数据库中的每个数据项看成一个单一的单元,由海量的数据集合组成数据的图像,并用多维数据的方式来表达数据的各个属性,使数据能够从多维角度进行观测和分析。

在生活和工作中,一张图片传达的信息通常要比用大量的文字传达得更清楚、更直观。所谓"字不如表,表不如图",其言外之意就是图表对于信息表达而言十分重要。统计分析产品、客户画像等都要求从业人员具有良好的数据可视化能力。目前常用的信息沟通表达方式,比如"一图看懂××"等都是以图片形式传达信息,属于典型的数据可视化产物。

数据可视化在获得良好的视觉效果的同时,还有利于帮助用户降低理解难度,高效分析数据和洞悉数据价值。具体而言,可以让使用者更为直观地迅速掌握关键信息,并让大脑的视觉系统迅速开启识别、存储及记忆图形信息的功能,并凭借直觉将图形信息转换成长久的记忆。

二、数据可视化的步骤

对数据进行可视化处理,一般可以按照以下 4 个步骤来进行。

(一)明确数据可视化的需求,寻找数据背后的故事

准备着手建立一个数据可视化的图表时,首先需要确定数据可视化的最主要的需求是什么。设计者可以首先尝试回答这样的问题:这种可视化项目如何能够更好地帮助企业实现盈利目标? 设计者在思考这个问题的过程中,可以规避在数据可视化设计中经常发生的一种情况,即常常将一些不相关的数据进行对比,从而降低可视化图表的准确性。

在明确了可视化项目的需求后,要对信息进行整理、分组及理解,并寻求可视化的可能。在这个过程中也需要观察和对比,归纳出数据的关联关系,构建出最基础的数据关

系,再考虑如何使用明确的可视化元素,把它们变成一个更有趣味的"故事"。

(二)为数据选择准确的可视化类型

在确定需求及对数据进行基本的分析之后,就可以为数据选择一个准确的可视化类型。一些设计者会选择用不同的图形呈现同样的数据,而事实上,这样的方法是没有参考价值的。数据的可视化虽然高效,但是使用要精确,而且要能准确地传递信息。不同的数据类型对应的图表类型理应是不同的,如果设计者选择了错误的图表类型来展示数据,那么很可能会引起企业使用者的误会。

(三)确定最关键的信息指标并给予场景联系

有效的数据可视化,除了应重视其类型之外,还要注重其是否在以下方面做到了平衡:它要确保整体的信息简单明了,同时要在一些关键的地方进行突出;不仅能提供深刻的、独家的信息,还能提供适当的情境来与背景相结合,使资料的呈现更为合理。在一定程度上,这意味着设计者不必讲述完整的"故事",即将所有数据信息进行介绍,而是要让这些数据尽可能地发挥其价值,并引导用户做出正确的判断。

(四)为内容而设计,优化展现形式

如果没有良好的设计形式,那么无论"故事"多么动听,数据多么有吸引力,都无法吸引用户。所以,优秀的设计形式也是非常重要的,可以让设计者有效地转换信息,并通过漂亮的外观吸引用户使用。

三、可视化呈现要点

对设计者而言,创建完美的可视化呈现效果是一个很大的挑战。要想达到较好的效果,光靠简单的图文混排是远远不够的,还得有足够的数据视觉表现能力,这就需要设计者在进行视觉化设计之前先要对数据的内容框架有一个基本的认识,并要掌握一定的技巧。

要想呈现良好的数据可视化效果,可以从以下 10 个方面来改进。

(1)颜色:建议颜色不多于 5 种,颜色的运用要适当,以突出重点信息。

(2)字体:所有文字必须字体清晰、大小合适,便于用户迅速地选取信息。

(3)版式:要具备逻辑性,引导用户阅读信息,尽量使图表元素对齐,以确保视觉上的连贯性。

(4)标注:谨慎使用标注,标注只用作重要信息的标示。

(5)留白:要有足够的留白(若留白太少,会显得较为杂乱)。

(6)插图:插图必须符合主题基调,以美化传递信息的效果。

(7)图标:应简洁、易懂且通用性强,其功能主要是为了便于读者理解。

(8)数据:一组数据与一份图表相匹配,不要画蛇添足。

(9)比例:保证数据可视化设计中的构成要素比例合理,便于用户快速阅读。

(10)简约:避免不必要的设计,如文本的 3D 效果、装饰性的插画及无关的元素等。

四、可视化分析报告撰写

商务数据可视化报告的撰写步骤如下。

(一)背景简介

背景简介在一份报告中通常起到引出话题的作用,是对一家企业或组织的概况进行简要介绍。在一般情况下,在报告的背景介绍中,可以从行业(企业)的发展历程、前景和制作这份报告的重要性等方面来阐述。

(二)报告目标

在撰写分析报告时,往往要清楚地了解分析报告的目的。例如,针对企业销售不佳的问题,首先要分析企业经营的困难,然后针对其困境给出相应的解决方案。

(三)制作流程

可视化分析报告的制作流程主要是介绍商业报告的制作思路,总结出商业报告的编写过程,并对各个环节的使用方法进行概括等。

(四)数据来源

这部分的内容是告知客户商业规划中所涉及的数据来源,并向其说明选取这些数据源的依据及收集数据使用的相关方法。企业可以利用数据统计工具来获取有关的资料。比如,分析会员数据的 CRM 软件等。

(五)数据展示

这部分的内容要求以可视化的图表方式呈现出制作分析报告时所搜集的数据。

(六)数据分析

数据分析主要依据数据显示的结果进行再加工(阐述过程),通常分为客观阐述与主观阐述两种方式。客观阐述以客观的数据为基础,不添加个人的主观因素,如"销售额下滑 30%,单价上涨至同期的 60%";主观阐述是报告者对数据进行提炼和分析后的表述,如"预计至 2024 年,市场规模将减少至去年同期的 60%,这将导致市场的竞争更为激烈,相关企业要根据市场的实时状况迅速调整相应的营销策略"。

(七)结论

在撰写商业报告的结论时,应从企业的需求出发,为企业提出相应的建议。

第二节　问题的提出

一、问题设计

在大数据时代背景下,跨境电商作为国际贸易新方式,其竞争的焦点在于提升顾客体验,因此,针对顾客的精准营销成为各跨境电商企业不得不考虑的重点。本案例采集某跨境电商平台女鞋类目的热销商品数据及客户评论数据,通过可视化分析,对该行业进行一个整体的分析与解读,同时给相关行业或企业提供商业建议。

二、解决思路

本案例主要涉及两个数据表格,一个是热销商品数据表,一个是客户评论数据表。首先通过自助数据集将两张表制作成一个数据集，方便后续分析。然后利用自助仪表盘功能制作可视化图表，对该跨境电商平台女鞋类目的热销店铺、热销商品、客户国别、各国常用物流、热销颜色和尺码、热销价格及客户评价进行分析，最终形成一个完整的可视化大屏。

据此，结合数据源，本次案例的基本思路如下。

第一，探索数据源，制作数据集。

第二，结合数据源情况，创建自助仪表盘。

第三，分析热销店铺 TOP10。

第四，分析客户国家分布。

第五，分析各国常用物流明细。

第六，分析热销颜色和尺码。

第七，分析热销价格。

第八，分析客户评价舆情。

第九，对整体可视化大屏进行优化。

第三节　可视化报表制作

一、探索数据源

图 13-1 为某跨境电商平台女鞋类目商品数据，图 13-2 为客户评论数据。此处仅展示部分数据用于观察。

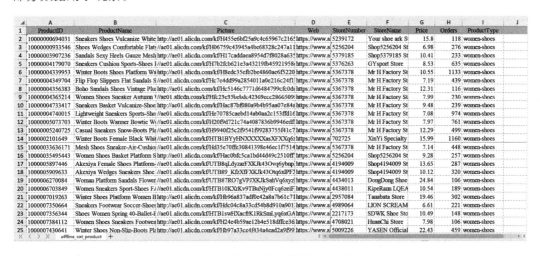

图 13-1　跨境电商女鞋类目商品数据

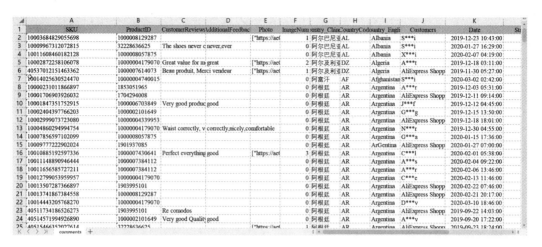

图 13-2 跨境电商女鞋类目客户评论数据

数据源字段详解如表 13-1、表 13-2 所示。

表 13-1 商品数据源字段详解

字段英文	字段详解	数据类型
ProductID	商品 ID	字符型
ProductName	商品名称	字符型
Picture	商品图片	字符型
Web	商品详情页	字符型
StoreNumber	店铺编号	字符型
StoreName	店铺名称	字符型
Price	商品价格	浮点型
Orders	订单量	整型
ProductType	产品类别	字符型

表 13-2 客户评论数据源字段详解

字段英文	字段详解	数据类型
SKU	SKU	字符型
ProductiD	商品 ID	字符型
CustomerReviews	客户评价	字符型
AdditionalFeedback	补充反馈	字符型
Photo	图片评论	字符型
ImageNum	图片数量	整型
Country_Chinese	收货国家_中文	字符型
CountryCode	国家缩写	字符型

续　表

字段英文	字段详解	数据类型
Country_English	收货国家_英文	字符型
Customers	客户名称	字符型
Date	评论时间	日期型
Starlevel	评论星级	整型
Color	女鞋颜色	字符型
Shoesize	女鞋尺码	整型
Logistics	物流方式	字符型
Shipsfrom	发货地	字符型

现利用该数据制作一份跨境电商女鞋类目数据分析报告。

二、创建数据集

将图 13-1、图 13-2 所示数据分别导入平台,创建新的数据集,如图 13-3 所示。

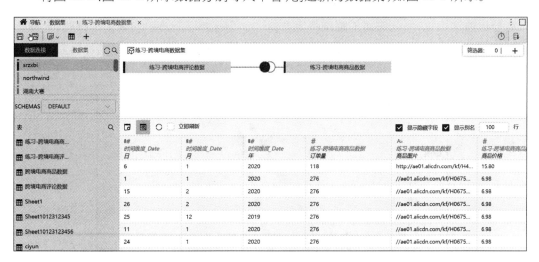

图 13-3　创建数据集

创建时间维度,同时还可以调整数据格式及隐藏性,如图 13-4 所示。

名称	别名	数据类型	数据格式	可见性	脱敏规则	元数据
📁 维度						
☷ custom-Date	时间维度_Date			👁		
▮# Date_Year	年	INTEGER	默认值	👁		
▮# Date_Month	月	INTEGER	默认值	👁		
▮# Date_Day	日	INTEGER	默认值	👁		
📁 commentstest	练习-跨境电商评论数			👁		
Ab SKU	SKU	STRING	默认值	👁	请选择	srzxbi.default.default.commen
Ab ProductID	商品ID	STRING	默认值	👁	请选择	srzxbi.default.default.commen
Ab CustomerReviews	客户评价	STRING	默认值	👁	请选择	srzxbi.default.default.commen
Ab AdditionalFeedback	补充反馈	STRING	默认值	👁	请选择	srzxbi.default.default.commen
Ab Photo	图片评论	STRING	默认值	⦶	请选择	srzxbi.default.default.commen
Ab Country_Chinese	收货国家	STRING	默认值	👁	请选择	srzxbi.default.default.commen
Ab CountryCode	国家缩写	STRING	默认值	⦶	请选择	srzxbi.default.default.commen
Ab Country_English	收货国家英	STRING	默认值	👁	请选择	srzxbi.default.default.commen

图 13-4　数据集设置

三、可视化仪表盘制作

(一)热销店铺可视化

分析热销店铺,可以快速了解该跨境电商平台女鞋类目最热销的店铺是哪些,形成一个以店铺名称为纵坐标,以订单量为横坐标的柱形图。首先需要将"店铺名称"拖入列,将"订单量"字段拖入行中,并对订单量设置降序排序,如图 13-5 所示。

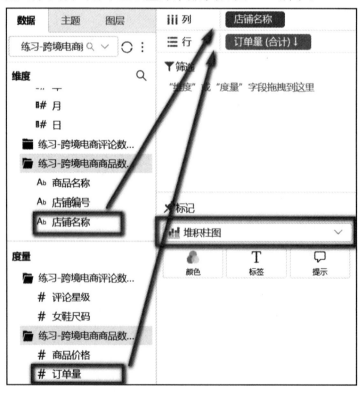

图 13-5　字段的选择与筛选

刷新图形后在"组件"中设置标题为"热销店铺 TOP10",自定义合适的标题和字体的格式,如图 13-6 所示。

由于想查看的是 TOP10 的店铺,因此在"高级"设置里设置输出行数为"10",如图 13-7所示。

图 13-6 组件设置	图 13-7 输出行数设置

最终可视化输出如图 13-8 所示,通过图表可以判断出该跨境电商平台女鞋类目的热销店铺 TOP10。

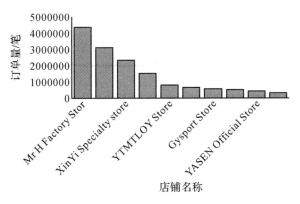

图 13-8 热销店铺 TOP10

(二)客户国家分布

接着来分析一下女鞋类目客户的国家分布情况,看看哪些国家的客户最多。拖拽组件后选择"地图",由于默认显示的是中国地图,而数据源是全球数据,因此需要在"标记"处选择"world";然后将"收货国家"拖拽到列,将"客户评价"拖拽到颜色区,如图 13-9 所示,具体绘制过程与上一步操作类似,后续不再说明。

图 13-9　地图配置

设置完标题后,最终以地图呈现。

(三)物流数据可视化

接下来分析客户常用的物流明细。将"收货国家""物流方式""客户评价"分别拖拽到列区,将"客户评价"设置为计数(作为订单数量呈现),并进行降序排序,如图 13-10 所示。

图 13-10　字段设置

图表形式采用默认的"清单表",最终形成的图形如图 13-11 所示。

客户常用物流明细		
收货国家	**物流方式**	**客户评价** ⇕
俄罗斯	AliExpress 无忧物流-标准	5523
西班牙	AliExpress 无忧物流-标准	2400
美国	e邮宝	1404
法国	AliExpress 无忧物流-标准	1143
波兰	AliExpress 无忧物流-标准	873
以色列	中国邮政挂号小包	585
以色列	e邮宝	516
美国	AliExpress 无忧物流-标准	492
荷兰	AliExpress 无忧物流-标准	438

图 13-11　客户常用物流明细

(四)热销商品可视化

上文分析了热销店铺,接下来来分析一下具体的热销商品,将"订单量"拖拽到列区,将"商品 ID"拖拽到行区,设置图形为"横条图",并对"订单量"进行降序排序,如图 13-12 所示。

图 13-12　热销商品可视化图字段设置

最终形成的图形如图 13-13 所示。

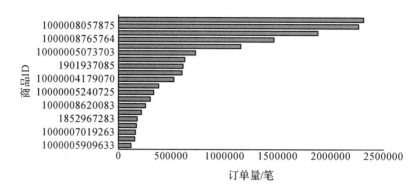

图 13-13 热销商品 TOP20

(五)热销颜色和尺码分布

热销颜色和尺码分布的分析可以帮助企业进行动态库存管理,避免出现库存积压的情况,可以多采购热销的颜色和尺码,少采购冷门的颜色和尺码。这里我们采用"热力图"的形式来呈现。将"女鞋颜色"拖拽到列区,将"女鞋尺码"拖拽到行区,将"客户评价"拖拽到颜色标记区,并设置为"计数"并降序排序,如图 13-14 所示。

图 13-14 热销颜色和尺码分布图字段设置

最终形成的图形如图 13-15 所示。从图中可以判断出最热销的颜色是黑色,最热销的尺码是"250",根据此图也可以判断出最热销的组合是"黑色 250"。

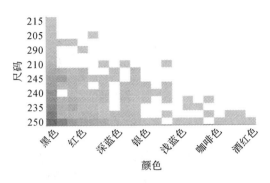

图 13-15 热销颜色和尺码分布

(六)热销产品价格分布

热销产品的价格分析可以帮助企业进行定价参考。这里选择"数图"进行呈现,将"客户评价"分别拖入颜色标记区和大小标记区,并设置为"计数",将"商品价格"拖拽到标签区,如图 13-16 所示。最终图形如图 13-17 所示。

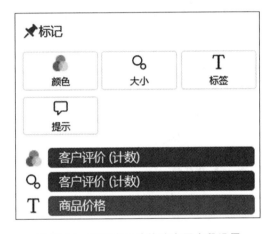

图 13-16 热销产品价格分布图字段设置

客户评价(计数)

	7.08	22.43	8.53	8.50	12....	12...
15.99						
	9.34	8.41	13.	9.9	10.	7	16
11.87	7.97	19.46	8.30		2	
	6.99	11.72	12...		1	6
10.55		8.15				
	12.58	8.72				

图 13-17 热销产品价格分布

(七)热销商品评价可视化

最后来分析一下热销商品的评价,制作词云图,来判断该跨境电商平台女鞋类目最热销的商品的舆情情况。这里选择"词云图"进行呈现,将"客户评价"字段分别拖入颜色标记区、大小标记区和标签标记区,并且将大小标记区的客户评价设置为"计数"并降序排序,如图 13-18 所示。

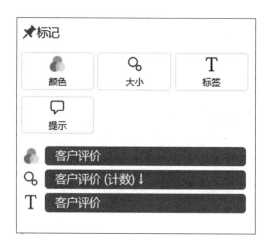

图 13-18　热销商品评价词云图字段设置

最终形成的图片如图 13-19 所示。

图 13-19　热销商品评价词云图

从评价词云图可以判断出女鞋类目的评价多数是正面评价。

(八)筛选器设置

为整个可视化仪表盘添加"年"筛选器,这样可以实现根据年份筛选,查看具体年份的数据情况,如图 13-20 所示。

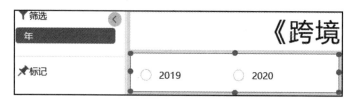

图 13-20　年筛选器设置

（九）标题设置

最后给整个可视化仪表盘添加标题，该步骤也可以在最开始时添加，可以根据自己的喜好添加。拖拽文本组件，进行标题设置，然后给标题添加上文设置的年筛选器，如图 13-21 所示。

图 13-21　标题设置

最终的标题可以根据年份的筛选进行联动。

（十）主题设置

仪表盘默认是浅色主题，可修改为深色主题使仪表盘整体更具科技感，如图 13-22 所示。

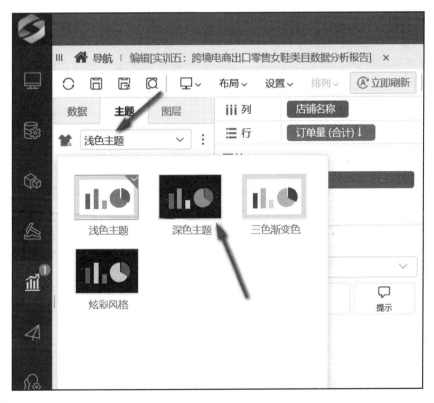

图 13-22　主题设置

本章小结

数据可视化技术利用人类大脑的视觉思维,对海量数据进行分析,并通过查找、分析、揭示数据背后的信息来对其进行更深层次的研究,从中挖掘出隐藏在数据中的规则,帮助人们更好地利用数据,提高决策的准确性。简单来说,我们可以把数据可视化看成是一种通过图形、图表等表现方式来展示或说明数据的一种方法。同时,数据可视化也会影响我们对这个世界的理解,同样的数据,不同的表达,会带来不同的结果。在展示数据的时候,一份清楚而又独一无二的数据图可以帮助他人更好地了解我们要传达的信息和意图,并使其显得更有说服力,从而使商业数据的价值最大化。

本案例基于某跨境电商平台女鞋类目的热销商品数据及客户评论数据,通过数据可视化技术,对该行业进行整体的分析与解读,具体流程如下:①将某跨境电商平台女鞋类目商品数据和客户评论数据导入平台,同时创建时间维度。②为快速了解该跨境电商平台女鞋类目最热销的店铺是哪些,可生成热销店铺可视图,即以店铺名称为横坐标,以订单量为纵坐标的柱形图,从图中可以看出该跨境电商平台女鞋类目的热销店铺 TOP10。③此外,还可分析女鞋类目的客户的国家分布情况,即看哪些国家的客户最多,同时,根据平台导入的数据,还能生成物流数据可视化图表、热销商品可视化图、热销颜色和尺码分布图、热销产品价格分布图及热销商品评价可视图等。④如果想要根据年份来查看具体的数据情况,也可为整个可视化仪表盘添加"年"筛选器。并且也可根据个人的喜好自主添加标题和主题颜色。

本案例利用某跨境电商平台女鞋类目的商品数据和客户评论数据进行可视化分析,制作可视化大屏,通过大屏的呈现来对某行业进行分析,最终得出分析结论:该跨境电商平台女鞋类目热销前三的店铺是 Mr H Factory Store、brc1978 Store 和 XinYi Specialty store;该跨境电商平台女鞋类目买家大多来自俄罗斯、美国、西班牙和法国等国家;黑色是最畅销的颜色,250 是最热销的尺码;热销款的价格基本在 10~16 美元之间;俄罗斯、西班牙、法国等国家最热门的物流方式是"AliExpress 无忧物流—标准",美国最热门的物流方式是"e 邮宝";在舆情分析上,大部分都是正面的评价等。

▶ 拓展实训

跨境电商女鞋类目数据分析报告

【实训目的】

巩固数据可视化相关知识;通过教师讲解与实践操作,学生能够动手操作跨境电商女鞋类目数据分析报告制作案例,掌握可视化大屏的制作方法。

【思考与练习】

通过相关模块,掌握数据可视化技术在数据分析报告制作中的应用。

参考文献

白莹莹,申晨晨.基于关联规则挖掘的 Apriori 改进算法[J].电子技术与软件工程,2017
(3):203-204.

包志强,赵媛媛,赵研,等.基于改进 RFM 模型的百度外卖客户价值分析[J].西安邮电大
学学报,2019(1):105-110.

蔡庆丰,郭春松,陈诣之.大数据思维在金融学研究中的运用[J].经济学动态,2015(3):
104-114.

曹旭平.市场营销学[M].北京:人民邮电出版社,2017.

曹正凤.随机森林算法优化研究[D].北京:首都经济贸易大学,2014.

董长瑞.西方经济学[M].3 版.北京:经济科学出版社,2006.

杜超.基于 Python 的聚焦爬虫的初步设计与实现[J].现代制造技术与装备,2020(12):
30-31.

兰云鹏,周生彬,王玉文.Logistic 回归分析在违约概率预测中的应用[J].哈尔滨师范大学
自然科学学报,2019(2):9-12.

雷鸣.基于客户关系管理的企业市场营销策略研究[J].老字号品牌营销,2022(8):29-31.

李宝仁.计量经济学[M].2 版.北京:机械工业出版社,2015.

李辰飞,常婕,沈燕.ARIMA 模型在湖北省 GDP 预测中的应用[J].湖北师范学院学报
(哲学社会科学版),2015(4):62-66.

李正蹊.基于多元线性回归的房价预测模型[J].中国新通信,2018(23):156-158.

刘滨,刘增杰,刘宇,等.数据可视化研究综述[J].河北科技大学学报,2021(6):643-654.

卢超猛,马泽众,韩阳,等.基于支持向量回归的房价数据分析[J].华北理工大学学报(自
然科学版),2021(4):76-82.

吕晓玲,宋捷.大数据挖掘与统计机器学习[M].北京:中国人民大学出版社,2016.

聂梓.客户关系管理在企业市场营销中的作用[J].企业改革与管理,2017(3):125-126.

彭月.ARIMA 模型的介绍[J].电子世界,2014(10):259.

乔萨础拉,努尔布力,苏芮.数据可视分析研究现状与发展趋势的图谱分析[J].现代电子
技术,2018(14):161-165,169.

邱均平,邹菲.关于内容分析法的研究[J].中国图书馆学报,2004(2):12-17.

盛骤,谢轼,潘承毅.概率论与数理统计[M].4 版.北京:高等教育出版社,2010.

汪奇.基于文本挖掘的商品评论的研究分析[D].武汉:华中师范大学,2021.

王景行.基于回归的房价预测模型研究[J].全国流通经济,2020(19):120-122.

王珏,石纯一.机器学习研究[J].广西师范大学学报(自然科学版),2003(2):1-15.

王倩雯.基于汽车论坛数据的客户细分及精准营销研究[D].大连:大连理工大学,2020.

王子龙,李进,宋亚飞.基于距离和权重改进的 k-means 算法[J].计算机工程与应用,2020
(23):87-94.

巫芯宇.基于 FTRM 模型和 k-means 算法的大学生知识付费产品使用行为研究[J].西南大学学报(自然科学版),2021(6):195-204.

邢蓓蓓,杨现民,李勤生.教育大数据的来源与采集技术[J].现代教育技术,2016(8):14-21.

徐翔斌,王佳强,涂欢,等.基于改进 RFM 模型的电子商务客户细分[J].计算机应用,2012(5):1439-1442.

徐志,金伟.Python 爬虫技术的网页数据抓取与分析[J].数字技术与应用,2020(10):30-32.

杨兵,卢国庆,曹树真,等.在线学习系统数据可视化评价标准研究[J].中国远程教育,2017(12):54-61.

杨剑英,张亮明.市场营销学[M].3 版.南京:南京大学出版社,2015.

杨路明,崔睿.客户关系管理[M].3 版.重庆:重庆大学出版社,2020.

曾子贤,巩青歌,张俊.改进的关联规则挖掘算法:MIFP-Apriori 算法[J].科学技术与工程,2019(16):216-220.

张芳.数据挖掘中的聚类分析技术研究[D].北京:国防科学技术大学,2011.

张引,陈敏,廖小飞.大数据应用的现状与展望[J].计算机研究与发展,2013(S2):216-233.

张迎燕,陶铭芳,胡洁娇.客户关系管理[M].2 版.南京:南京大学出版社,2021.

周亮锦,赵明扬.基于几类机器学习模型的房价预测分析[J].全国流通经济,2022(6):111-116.

朱金生,张梅霞.国际市场营销学[M].2 版.南京:南京大学出版社,2019.

邹思宇.基于网络爬虫的计量数据分析系统开发[D].吉林:吉林大学,2021.